中国历史未解之谜

编著 李锁清

光明日报出版社

图书在版编目（CIP）数据

中国历史未解之谜 / 李锁清编著 .—2 版 .—北京：光明日报出版社，2003
（2025.1 重印）（图文未解之谜系列丛书）

ISBN 978-7-80145-702-8

Ⅰ.①中… Ⅱ.李… Ⅲ.中国—历史—通俗读物 Ⅳ.R209

中国国家版本馆 CIP 数据核字 (2009) 第 152628 号

中国历史未解之谜

ZHONGGUO LISHI WEIJIE ZHI MI

编　　著：李锁清

责任编辑：李　娟　　　　　　　　　　责任校对：乔　楚
封面设计：玥婷设计　　　　　　　　　封面印制：曹　净
出版发行：光明日报出版社
地　　址：北京市西城区永安路 106 号，100050
电　　话：010-63169890（咨询），010-63131930（邮购）
传　　真：010-63131930
网　　址：http://book.gmw.cn
E－mail：gmrbcbs@gmw.cn
法律顾问：北京市兰台律师事务所龚柳方律师

印　　刷：三河市嵩川印刷有限公司
装　　订：三河市嵩川印刷有限公司
本书如有破损、缺页、装订错误，请与本社联系调换，电话：010-63131930

开　　本：170mm×240mm
字　　数：310 千字　　　　　　　　　印　张：14
版　　次：2010 年 1 月第 2 版　　　　印　次：2025 年 1 月第 3 次印刷
书　　号：ISBN 978-7-80145-702-8

定　　价：36.00 元

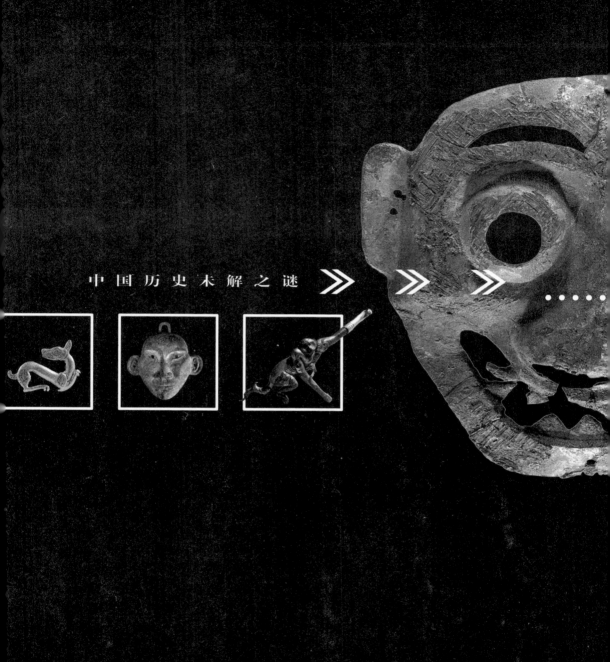

中 国 历 史 未 解 之 谜

古往今来，无数帝王将相纵横捭阖，成就了惊天动地的不世伟业；英雄豪杰慷慨悲歌，留下了可歌可泣的千古传奇；奇人异士，游戏风尘，窥视了大千世界的神秘奇丽；红粉佳人，情海生波，演出了梦幻人生的悲欢离合。但是，在他们共同写就中华民族五千年辉煌壮丽的历史乐章、绘成斑斓多彩历史画卷的同时，也给后人留下了无数难以索解的历史奇谜。

越王卧薪尝胆、秦皇焚书坑儒、秦桧私通金国、地动仪运作奇迹、陈圆圆芳魂归处、太平道符水治病……每个历史未解之谜的背后无不隐藏着一个震动古今的重大历史事件，无不关涉到中华民族的气运与历史走向，极大地激发着人们探索未知世界的好奇心和求知欲。

为了满足广大读者的求知欲，使读者更清晰地看到中国历史演进的轨迹，并为后世提供科学客观的历史依据，特编写了这部《中国历史未解之谜》。本书以一种全新的探索视角来研究历史，从帝王、后宫、政界、军事、名人、宗教、文化、科技八大方面甄选出百余个重大的历史谜题，经由严肃而科学的分析论证，去伪存真，寻找令人信服的结论。在这种严肃而充满趣味的探索中，读者将会了解大量不为人知的细节，尽情领会历史的丰富与变幻无穷，更加完整而深刻地认识历史。同时引导读者掌握研究历史和探求真相的方法，从中获得思考与发现的巨大乐趣。这不仅有助于读者在现实生活中以更辨证的眼光来看待问题，更促进思想的成熟。

同时，本书以图释文、图文并茂的编排方式将会给读者带来视觉上的冲击。大量与历史之谜相关的精美图片，达到具象、直观的阅读效果，让读者更加立体、真实地感受历史真相。文物器具立体真切地反映社会背景、历史风貌；历史人物画像更缩短了读者和历史人物的时空距离……生动精练的文字配以美轮美奂的图片，使读者在穿越历史峡谷、探索历史真相的过程中，沿途欣赏到美妙的历史风景。

我们真诚地希望这部全真、立体的《中国历史未解之谜》能使读者在轻松获取知识的同时，为其展示更广阔的认知视野和想象空间。

目录

帝　王

后　宫

政　界

军　事

名　人

宗　教

文　化

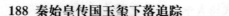

科 技

更多资源获取 扫码获取

帝王

中 / 国 / 历 / 史 / 未 / 解 / 之 / 谜

中国历史未解之谜

黄帝是传说中的人物吗？

古书中有"三皇五帝"的说法，其中"五帝"是指东方太皞、南方炎帝、西方少昊、北方颛顼和中央黄帝。而传说中，黄帝是中华民族的祖先。然而，他究竟是人还是神？为什么被称为"黄帝"？现在仍然众说纷纭，没有统一的说法。

有学者认为，黄帝是神话传说中的雷电之神，后来才崛起而为中央黄帝。相传他长有四张脸，能同时顾及东、西、南、北四个方向。无论什么地方发生了事情，总逃不过他的眼睛。后来，他战胜了东、西、南、北四个天帝，建立了自己的神国。

黄帝和炎帝停战言和后组成的统一的部落联盟，成为中华民族的祖先。所以，今天的中国人自称"炎黄子孙"。

黄帝像

黄帝陵

黄帝陵在今陕西黄陵桥山上，其地松柏成荫，风景秀美。

《史记·五帝本纪》内页

炎帝像

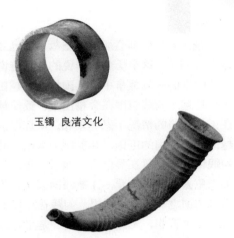

玉镯 良渚文化

黄褐陶牛号角 大汶口文化

也有学者认为，黄帝实有其人，他应该是原始社会末期一位部落联盟的首领。《史记·五帝本纪》记载："黄帝者，少典之子，姓公孙，名轩辕。生而神灵，弱而能言，幼而物齐，长而敦敏，成而聪明。轩辕之时，神农氏势衰，诸侯相侵伐，暴虐百姓，而神农氏弗能征，于是，轩辕乃习用干戈，以征不享，诸侯咸来宾从。"

这些记载似乎说明历史上的黄帝实有其人，是中华民族的形成与发展的创始者。因此，说他是人更有道理。那么，他又为什么被称为"黄帝"呢？

据说，黄帝在五个天帝中，是管理四方的中央首领，又因专管土地，而中原的土地是黄色的，故名"黄帝"。学者们认为，这反映了上古时期，人们对黄土地的崇拜。古史称他为"以土德为王"。后世之人以此而崇尚黄色，把黄色演变成一种权力和尊贵

的象征。历代帝王穿的"龙袍"、"马褂"都是黄色，就是由此引发而来的。

在中国的历史典籍和神话传说中，都有许多关于黄帝的记载，但因年代久远，许多说法都已经无法考证。然而，黄帝作为中华民族的始祖却是不容置疑的。

钩羽圆点纹彩陶盆 仰韶文化

中国历史未解之谜

越王勾践到底有没有卧薪尝胆？

越王勾践卧薪尝胆的历史故事，已经是尽人皆知了。这个历史故事说的是：传说在春秋时期的一场战争中，吴国打败了越国，吴军把越王勾践包围在会稽山上，致使越王在走投无路的情况下忍辱求和。从那以后，越国成为吴国的臣国，并受控于吴国。越王勾践像奴隶一般在吴国宫中服役3年，后来吴王免去了勾践的罪，让他回国去了。为了不忘亡国之痛、报仇雪恨，勾践在屋顶上面吊了一个苦胆，无论是出是进、是坐是站，就连吃饭睡觉，也要尝一尝苦胆之味，用来激励自己的斗志；他还既不用床，也不用被褥，累了，便睡在硬柴堆砌的"床"上，以此锻炼自己的筋骨。越国最终灭了吴国，就是因为勾践这十多年的磨炼并实行了各种得力措施。

但历史上的越王勾践是不是真的用卧薪和尝胆两种手段来激发勉励自己的呢？首先从历史典籍来看，《左传》和《国语》成书年代较早，并且其中记载的史实也较为可信，因而较具有参考的价值。但两本史籍中无论哪一本，在讲述勾践的生平事迹时，都根本没有记载越王勾践卧薪尝胆的行为。另外，在《史记》中的《越王勾践世家》中，司马迁说："吴既赦越，越王勾践反国，乃苦身焦思，置胆于坐，坐卧即仰胆，饮食亦尝胆也。"其中，没有写到越王勾践卧薪之事。东汉时期，袁康、吴平作《越绝书》，赵晔作《吴越春秋》，这两本书虽然是专门记录关于春秋时期吴越两国的历史，但它们却只是以先秦历史为基础，又加上了小说家们的荒诞想象。《越绝书》中卧薪、尝胆都未提及；《吴越春秋》中的《勾践归国外传》，也仅说越王勾践"悬

越国灭吴国示意图

范蠡像
辅佐勾践复国雪耻的名臣

胆在户外，出入品尝，不绝于口"，而根本没有卧薪之事。由此看来，在西汉的《史记》中最早出现了越王尝胆一事；而在东汉时期的史料中还没有出现卧薪之事。

有人考证，在北宋苏轼所写的《拟孙权答曹操书》中"卧薪尝胆"首次被作为一个成语来使用。但苏轼起草这封信时带有很强的游戏性，信中的内容与勾践无关，而是设想孙权在三国平分天下时曾"卧薪尝胆"。南宋时期，吕祖谦在《左氏传说》中曾经谈到

勾践卧薪尝胆图

"卧薪尝胆"的事情，但说的却是吴王。明朝张溥在《春秋列国论》中也说"吴王即位，卧薪尝胆"。以后，《左传事纬》和《绎史》两书中，都说是吴王夫差卧薪尝胆。但与此同时，南宋的真德秀在《戊辰四月上殿奏札》、黄震在《古今纪要》和《黄氏日抄》两书中，又说是越王勾践曾卧薪尝胆。然而，到北宋的苏轼提出了"卧薪尝胆"一词后，这事究竟是夫差还是勾践所做，从南宋直到明朝都没有结论。明朝末年，在传奇剧本《浣纱记》中，梁辰鱼对越王勾践卧薪、尝胆二事大加渲染。清初的吴乘权在《纲鉴易知录》中写道："勾践叛国，乃劳其凝思，卧薪尝胆。"后来，明末作家冯梦龙在其刊刻的历史小说《东周列国志》中也多次提到勾践卧薪尝胆的故事，直到现在越王勾践卧薪尝胆的故事，才广为流传。但其真实性却需要考证。

越王勾践剑 春秋

古代兵器中的奇宝，出土时仍然寒光四射，锋利无比，可断发丝。

另有一些学者认为，早在东汉时代成书的《吴越春秋》中的《勾践归国外传》中就有越王勾践"卧薪"之事的记载。该文说越王勾践当时"苦身焦思，夜以继日，用蓼攻之以目卧"。蓼，清朝马瑞辰解释说是苦菜。蓼薪，意思就是说蓼这种苦菜聚集得非常多。勾践准备了许多蓼菜一定是用来磨炼意志，"攻之以蓼"也可以说是"攻之以蓼薪"。这样，上述《吴越春秋》中的话的语意就十分明显：那时勾践日夜操劳，眼睛十分疲倦，就想睡觉，即"目卧"，但他用"蓼薪"来刺激自己，以便能够忍耐克服，避免睡觉。卧薪、尝胆分别是让视觉和味觉感到苦。后人把"卧薪"说成是在硬柴上睡觉，是曲解了《吴越春秋》的意思，因为"卧薪"是眼睛遭受折磨而不是身体遭受折磨。这种说法的结论是：勾践确实有过卧薪尝胆的行为，尽管后人误解了这个词语的意思。

若说卧薪尝胆这个故事是真的，为什么历史上这么晚才有记载？若说是假的，它却在民间广为流传，而且这两种说法都有根据。因此，它成为中国历史上的又一个未解之谜。

中国历史未解之谜

奇货可居——秦始皇身世之谜

秦始皇像

秦始皇嬴政是中国数千年专制时代的第一位君临天下、叱咤风云的皇帝。六国养尊处优的君主嫔妃、王孙公主、皇亲国戚无一不胆战心惊地揖首跪地、俯首称臣。然而，傲视天下的秦始皇内心却是异常脆弱，因为他对身世一直讳莫如深。

秦始皇是继秦庄襄王（子楚）之位，以太子身份登上王位的。秦始皇之母赵姬，据说曾为吕不韦的爱姬，后献予子楚，被封为王后。那么，秦始皇到底是子楚的儿子，还是吕不韦的儿子，后人争议不休。

《史记》中记载秦国丞相吕不韦本为河南濮阳的巨富，是远近闻名的大商人。但他不满足这种拥有万贯家私的地位和生活，野心勃勃，对王权垂涎三尺。

于是，吕不韦打点行装，到了赵国的国都邯郸，精心策划一个大阴谋，将正在赵国当人质的秦王的孙子异人，想法过继给正受宠幸的华阳夫人，转瞬之间，异人被立为嫡嗣，更名为子楚。

不久，国事生变。秦昭王、孝文王相继去世，子楚堂而皇之地登上王位，吕不韦被封为丞相。之后，吕不韦将自己的爱姬赵姬献给子楚，生下嬴政，被封为皇后，不料子

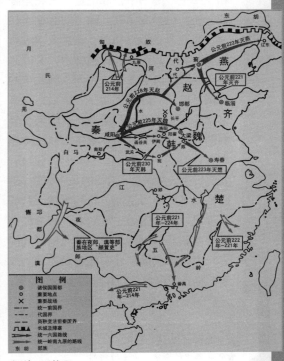

秦统一形势图

楚仅在位三年就死掉了，于是他的儿子嬴政就顺理成章地继承了王位，这就是后来的秦始皇。

吕不韦认为嬴政是自己的亲生儿子，让嬴政喊自己为"仲父"，自己则掌管全国政事，成为一人之下、万人之上、权倾朝野、一手遮天的大人物，吕不韦在邯郸的秘计实现了。

认定吕不韦和秦始皇有父子关系的说法，其原因是：

其一，这样可以说明秦始皇不是秦王室的嫡传，反对秦始皇的人就找到了很好的造反理由。

其二，是吕不韦采取的一种战胜长信侯的政治斗争的策略，企图以父子亲情，取得秦始皇的支持，增强自己的斗争力量。

其三，解秦灭六国之恨。"六国"之人吕不韦不动一兵一卒，运用计谋，将自己的儿子推上秦国的王位，夺其江山，因此，灭国之愤就可消除。

其四，汉代以后的资料多认为嬴政是吕不韦之子，这为汉取代秦寻求历史依据，他们的逻辑是，秦王内宫如此污秽，如何治理

吕不韦像

好一个国家，因此秦亡甚速是很自然的。

后世人也有认为上述传说并不能成立的。

其一，从子楚方面看，即使有吕不韦的阴谋，但其实现的可能性也很渺茫。因为秦昭王在位时，未必一定将王位传于子楚，更不能设想到子楚未来的儿子身上。

其二，从秦始皇的出生日期考虑，假若赵姬在进宫前已经怀孕，秦始皇一定会不及期而生，子楚对此不会不知道。可见，秦始皇的生父应该是子楚，而非吕不韦。

其三，从赵姬的出身看，也大有文章。《史记·秦始皇本纪》记载，秦灭赵之后，秦王亲临邯郸，把同秦王母家有仇怨的，尽行坑杀。既然赵姬出身豪门，她怎么能先做吕不韦之姬妾，再被献做异人之妻呢？这样，就不会存在赵姬肚子里怀上吕不韦的孩子再嫁到异人那里的故事了。

身世之谜也只有留于后人去推测了，而"奇货可居"这个成语却由此流传于世。

四年吕不韦铜戈 秦

中国历史未解之谜

秦始皇"焚书坑儒"之谜

山东曲阜鲁壁遗址

公元前213年，秦始皇焚书时，孔子九世孙孔鲋将孔子的书藏于孔宅墙壁中，使大量珍贵文献得以保存。

秦坑儒谷

坑儒谷是秦始皇镇压不同政见者的地方，在西安市临潼区韩峪乡洪庆堡。

提起秦始皇，人们就会想起"焚书坑儒"这一典故，但是秦始皇到底有没有"坑儒"呢？

秦始皇统一六国以后，采取了一系列的措施，以便加强中央集权。在完成政治上的诸多加强控制的举措之后，秦始皇便开始了精神上的控制。公元前213年，秦始皇在咸阳宫为群臣及众多的儒生大排酒宴。在宴会上，围绕着是否实行分封制，众多儒生之间发生了激烈的争论。丞相王绾、博士生淳于越等人主张实行分封，而丞相李斯等则赞同郡县制，并指责淳于越等"不师今而学古"，"道古以害今"。最后秦始皇支持李斯的观点，并采用、实施李斯的"焚书"建议，下令：除了秦纪（秦国史书）、医药、卜筮、农书以及国家博士所藏《诗》、《书》、百家语以外，凡列国史籍、私人所藏的儒家作品、诸子百家著作和其他典籍，统统按时交官焚毁。同时，禁止谈及《诗》、《书》和"以古非今"，违者定当严惩乃至判其死罪。

百姓如想学一些法令，可拜官吏为师。从这一点来看，焚书的举动秦始皇肯定做过。

秦始皇称帝以后，力求长生不老，迷恋仙道，不惜动用重金，先后派徐福、韩众、侯生、卢生等人寻求仙药。侯生与卢生当初是秦始皇身边的方士，由于长期为秦始皇求仙人和仙药，却始终没有找到，而心急如焚，忐忑不安。依照秦国的法律，求不到仙药就会被处死。因此他们深发感慨：像这样靠凶狠残暴而建立威势并且贪婪权势的人，不值得给他求仙药。于是，侯生、卢生悄悄地远走他乡。

这件事使秦始皇十分恼怒，于是他下令，对所有在咸阳的方士进行审查讯问，欲查出造谣惑众的侯生、卢生两人。方士们为保全自己的性命，只得相互告发，秦始皇最后把圈定的460余人，都在咸阳挖坑活埋。

秦始皇的"坑儒"是"焚书"的继续。至于坑杀的人究竟是方士还是儒生，学术界

8

各持己见。从分析"坑儒"事件的起因看，秦始皇所坑杀的人应该是方士；但从长子扶苏的进谏"众儒生都学习孔子的学说"来看，秦始皇所坑杀的又好像是儒生。

而且东汉卫宏在《诏定古文官书序》中记载，秦始皇在骊山温谷挖坑用以种瓜，以冬季瓜熟的奇异现象为由，诱惑博士诸生集于骊山观看。当众儒生争论不休、各抒己见时，秦始皇趁机下令秘杀填土而埋之，七百多名儒生全部被活埋在山谷里。于是有人便根据这一点而偏向于传统的说法，认为秦始皇确实有过"坑儒"的行为。

但有人研究诸史籍，认为"焚书"有之，"坑儒"则无，实是"坑方士"之讹。"坑方士"事见始皇三十五年，因为侯、卢二人求仙药不成，他们惧"秦法不得兼方，不验辄死"，骂了秦始皇一番后逃走。既然事端由方士引起，那么就只能是"坑方士"，当然不能说被杀的四百六十余人中没有儒生，而全是方士，但是由其代表人物可推知，被杀的主体应该是方士，而被杀的原因更与儒家的政治主张和学派观点无关。所以即使被杀者有儒生，也并非

因其为儒生而得罪，总是与方士们有某种牵连之故。因此绝无理由说秦始皇"坑儒"。尽管秦始皇早因"坑儒"之举背上千古骂名，然而，直到今天，秦始皇究竟有没有"坑儒"这一谜团还是没有解开。

秦始皇焚书坑儒图

这幅帛画向我们展现了秦始皇当年焚书坑儒的情形，图中在朝堂之上秦始皇巍然高坐，腐儒战战兢兢求命于下，朝堂之外已有许多儒士被系，或被杀入坑中，或被押在坑边。

中国历史未解之谜

曹操为何要建72座陵寝？

曹操像

曹操在丧葬上有别于历代帝王，他对自己的身后事，提出了"薄葬"。他是中国历史上第一位提出"薄葬"的帝王。

当时，曹操虽未称帝，但权力与地位不比帝王低，为什么他不但提倡"薄葬"，而且身体力行呢？

据说，曹操一生提倡节俭，他对家人和官吏要求极严。他儿子曹植的妻子因为身穿绫罗，被他按家规下诏"自裁"。宫廷中的各种用过的布料，破了再补，补了再用，不可换新的。有个时期，天下闹灾荒，财物短缺，曹操不穿皮革制服，到了冬天，朝廷的官员们都不敢戴皮帽子。

又据传，曹操早年曾干过盗墓的勾当。他亲眼看见了许多坟墓被盗后尸骨纵横、什物狼藉的场面，为防止自己死后出现这种惨

碣石

碣石位于辽宁省绥中县万家镇，北距海岸四百五十米，为石英花岗岩。当年，曹操为统一北方，征伐辽东，路经此地，一时感慨万千，高吟："东临碣石，以观沧海，水何澹澹，山岛竦峙。树木丛生，百草丰茂，秋风萧瑟，洪波涌起。日月之行，若出其中。星汉灿烂，若出其里。幸甚至哉，歌以咏志。"是为四言诗绝顶之作，苍凉恢宏，气度非凡。

邺城遗址

状，他一再要求"薄葬"。

为了防止盗墓，在力主和实践"薄葬"的同时，他还采取了"疑冢"的措施。布置疑冢，当然也和他生性多疑有关。生前，他因多疑，错杀了许多人；死后，他的多疑也不例外。传说，在安葬他的那一天，72具棺木从东南西北四个方向，同时从各个城门抬出。

这72座疑冢，哪座是真的呢？曹操之墓的千古之谜随之悬设。

千百年来，盗墓者不计其数，但谁也没发掘出真正的曹操墓。

传说，军阀混战年代，东印度公司的一个古董商人为了寻找曹操的真墓，雇民工挖了十几座疑冢。除了土陶、瓦罐一类的东西外，一无所获。

1988年《人民日报》发表一篇文章《"曹操七十二疑冢"之谜揭开》说，"闻名中外的河北省磁县古墓群最近被国务院列为第三批全国重点文物保护单位。过去在民间传说中被认为是'曹操七十二疑冢'的这片古墓，现已查明实际上是北朝的大型古墓群，确切数字也不是72，而是134。"关于疑冢的说法便被确证不是准确的了。

但是，关于曹操尸骨到底埋于何处，仍然是个谜。据诗曰："铜雀宫观委灰尘，魏之园陵漳水滨。即令西湟犹堪思，况复当年歌无人。"由此推断，曹操墓是在漳河河底。

又据《彰德府志》载，魏武帝曹操陵在铜雀台正南5公里的灵芝村。据考察，这也属假设。那它还有可能在哪呢？

还有一种说法是，曹操陵在其故里谯县的"曹家孤堆"。

据《魏书·文帝纪》载："甲午（公元220年），军治于谯，大飨六军及谯父老百姓

行刑图·议事图 汉

于邑东。"《亳州志》载："文帝幸谯，大飨父老，立坛于故宅前树碑曰大飨之碑。"曹操死于该年正月，初二日入葬，如果是葬于邺城的话，那魏文帝曹丕为何不去邺城而返故里？他此行目的是不是为了纪念其父曹操？《魏书》还说："丙申，亲祠谯陵。"谯陵就是"曹氏孤堆"，位于城东20公里外。这里曾有曹操建的精舍，还是曹丕出生之地，此外，又据记载：亳州有庞大的曹操亲族墓群，其中曹操的祖父、父亲、子女等人之墓就在于此。由此推断，曹操之墓也当在此。

但这种说法也缺乏可信的证据，遭到许多人的质疑。

面对"曹墓不知何处去"的感叹，人们对曹操的奸诈多疑可能有了更深的认识。曹操一生节俭，带头"薄葬"，是有积极意义的。这样做，既保护了自己，也使盗墓者无从下手，这也算是他的明智之举吧。

关于曹操的陵寝的真实情况至今仍是个谜，还有待于新的考古发现。

中国历史未解之谜

晋武帝传位傻太子之谜

武帝司马炎

晋武帝司马炎像

司马炎，字安世，西晋开国皇帝，谥号武皇帝，史称晋武帝。晋武帝司马炎，纵横沙场，果敢英武，为晋王朝耗尽了自己的半生心血。但是，他却将辛苦打下的江山交给一个傻儿子继承，致使宫廷内外血雨腥风，西晋王朝昏暗动荡，成了一个短命王朝。英明的晋武帝为何做出如此糊涂的事情呢？

从史料看，司马炎虽称得上英武果敢，但在感情上却柔若女子，有妇人之仁。他一生共有 26 个儿子。不幸的是，26 个儿子当中虽不乏聪慧之辈，但长子司马轨却不幸夭

折，因此次子司马衷成了事实上的长子，按中国的继承人法则，司马衷要被立为太子，而司马衷却是个白痴，不谙世事。司马衷的痴愚朝野皆知。

太子司马衷在吃饭时对粮食很不爱惜，师傅李憙看不过去，就婉转地对司马衷说："殿下，碗中的米饭，一粒粒都是农民辛勤耕作

陶俑群 西晋

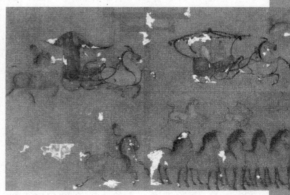

车马出行图 西晋

得来的，殿下可知道稼穑艰难？如今旱荒严重，老百姓都没有粮食吃，都在忍饥挨饿。"司马衷听了这话，觉得十分奇怪，脱口说道："没有饭吃，干吗不吃肉粥？"师傅李憙哭笑不得。

八王封国略图

太子司马衷的低能，武帝是十分清楚的，他知道这个儿子难以担负国家重任。但是杨皇后反对更易太子。杨皇后名艳，字琼芝，是陕西华阳人，父亲杨文宗是魏国贵族，以功封蒧亭侯。杨皇后十分美丽，出自豪门大族，替武帝生下了三男三女，长子早逝，次子便是这司马衷。武帝数次担心地说太子不长进，天性愚钝，难以胜任大事。杨皇后每次都和颜反驳，儿子虽不聪明，但却忠厚纯良，好生教导，会有长进的。武帝试探说，现在更易太子，还来得及。杨皇后摇头，说太子的名分已定了，决不能轻易改动，无论立嫡立长，都应是太子，破坏了这项法制，日后岂不乱了套？我坚决反对。

优柔寡断的武帝就将希望寄托在两个派去考察太子的大臣和峤和荀勖的身上。

果敢刚毅的武帝司马炎在美人面前优柔寡断，下不了决心。武帝信任荀勖，尤其佩服荀勖的高深学问和不世之才。后来荀勖进奏，说太子有了进步，于是武帝相信了荀勖，放下心来，不再考虑更易太子。

天熙元年（公元 290 年）四月，晋武帝司马炎病死，其子司马衷即位，是为晋惠帝。不过一年，皇后贾南风发动政变，杀死总揽朝政的大臣杨骏；接着又发生了"八王之乱"。建兴四年（公元 316 年），刘渊的侄子刘曜攻破长安，俘获末代皇帝司马邺，西晋亡国。时距司马炎之死只有 25 年。

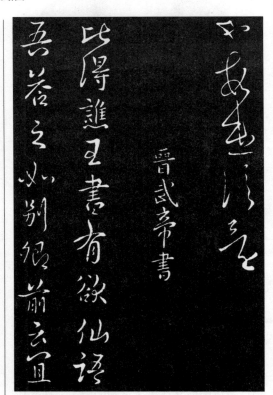

晋武帝司马炎墨迹

◆中国历史未解之谜

中国历史未解之谜

"和尚皇帝"梁武帝为何饿死于僧寺？

梁武帝萧衍像

"千里莺啼绿映红，水村山郭酒旗风。南朝四百八十寺，多少楼台烟雨中。"这是唐代诗人杜牧的名作，诗中以生动的语言描绘了南朝佛教的兴盛。南北朝时，佛教大盛，南朝梁武帝萧衍是位吃斋信佛、极力倡导发展佛教的皇帝，他曾四次舍身到同泰寺（今南京鸡鸣寺）当和尚。所谓舍身，一是舍资财，即把自己的所有身资服用，舍给寺庙。还有一种是舍自身，就是自愿加入寺庙为众僧服役。梁武帝于公元 527 年、529 年、547年三次舍身。舍身第一次是 4 天，最后一次长达 37 天。而每一次都是朝廷用重金将其赎回。寺庙因他又获得了可观的收入。他在位时，佛教在梁朝盛极一时，光当时的建康城内外就有佛寺 500 多所，僧尼 10 万余人。公元 504 年，他亲自率领僧俗 2 万人在重云殿

的重云阁，撰写了《舍道事佛文》。

梁武帝一心崇佛，荒废了朝政，社会矛盾不断激化。梁武帝早年无子，过继侄儿萧正德为嗣子做太子，后来梁武帝生了个儿子，取名萧统，随即被立为太子，而侄子萧正德被改封为西丰侯。这让萧正德心里愤愤不满。正在此时，东魏大将侯景因与政敌高欢不合，转投

抚剑武士俑 南北朝

泥质青灰陶俑，头戴风帽，身着甲胄，内穿长衣，外披毛领斗篷，张口呐喊，怒目而视，双手握剑交于胸前，威风凛凛。周身涂白彩，服饰和甲胄等部位饰以朱彩。

佛祖造像 南北朝

了梁朝，梁武帝封他为河南王。侯景为人阴险奸诈，他看到皇族矛盾重重，认为有机可乘，于是勾结萧正德起兵发动政变，答应事成之后让萧正德做皇帝。最后叛军攻进了建康城，困住了宫城，后又引武湖水去漫宫城。梁武帝这位和尚皇帝被困在宫里。一筹莫展，也没有人去过问他，这位皇帝最后竟被活活饿死在宫里，无独有偶，《中华野史镜鉴》上也曾记载：太清三年（公元 549 年）三月，侯景攻下宫城。萧衍饮食断绝，口中苦涩，连呼："蜜！蜜！"最后饿死于净居殿，时年 86 岁，萧正德最终也没做成皇帝，事成后就被侯景杀死了。

江苏南京鸡鸣寺 南北朝
江苏南京鸡鸣寺位于今南京城内，为清代重修。原为梁朝同泰寺址，在梁宫城之后，梁武帝曾四次舍身于此，都被臣下以重金赎回。当年同泰寺比现鸡鸣寺约大一倍。

中国历史未解之谜

唐太宗篡改过国史吗？

唐太宗像

唐太宗李世民是唐代开国君主李渊的第二个儿子，是唐代难得的治国之君。在其统治期间，唐太宗知人善任，察纳雅言；执法慎刑，重农恤民，使国家形成了历史上人人称道的"贞观之治"局面。他的雄才伟略、勤于政事甚为后人称道。但即使是这样一位旷世圣人，他的一生仍是有很多瑕疵的，"玄武门兵变"内情历来让人生疑，而他后来的修改国史也为后人议论不休。

那么，李世民为什么要修改国史呢？对此，史学家们有不同的说法。《新编中国历朝纪事本末·隋唐卷》是这么写官修正史的——设史馆修前朝史制度的确立是在唐初李世民统治的贞观时期。贞观君臣为唐皇朝的"长治久安"，十分注意"以古为镜"，总结历史成败的经验教训，尤其注重隋亡的教训。鉴于武德年间萧瑀等人尚未修成前朝著史，唐太宗深感改组旧史馆、建立一套新制度的必要。

贞观三年（公元629年），太宗下令在中书省特置秘书内省专门负责修撰前五代史。

唐太宗昭陵

行营无定所，逐水草为居室，以羊马为军粮。胜止求财，败无惭色。巡昼之劳，无警夜馈粮之费。无横墨
唐創業起居注 卷上 一

騎射，見利即前，知難便走，風馳電卷，不恒其陳。以弓矢為爪牙，以甲胄為常服，隊不列
唐創業起居注 卷上 一
突厥所長惟恃

《唐创业起居注》内页

同年闰十二月，太宗又下令将史馆移入禁中，设于门下内省北面，由宰相监修。从此以后，原著作局不再具有修史职责，史馆成为皇帝直接控制的门下省的一个常设机构，专门负责修撰当朝国史。

还有一种说法认为唐太宗的皇位并不是由合法继承得到的，而是其杀兄逼父的结果。这一行为不合乎封建法统和封建伦理，在封建统治者看来，也就不能贻示子孙，垂为法诫。因此，唐太宗夺得皇位之后，就着手修改国史，为自己辩护。这种说法认为贞观史臣在撰写《高祖实录》和《太宗时录》时，大肆铺陈太宗在武德时的功劳，竭力抹杀太子建成在唐朝创建过程中的功绩并极力贬低高祖的作用。但是这样仍不足以说明太宗继承皇位的合法性，于是他们又把修改国史的着眼点放在晋阳起兵的密谋上面。他们把晋阳起兵的密谋杜撰为太宗的精心策划，而高祖则完全处于被动地位，其目的在于把太宗说成是李唐王业的真正奠基人，使其皇位的获得近似于汉高祖自为皇帝而尊其父为太上皇那样的

合法性。

唐太宗究竟出于何种动机要修改国史？这个问题迄今为止仍未有确定的答案，给历史留下了一桩疑案。

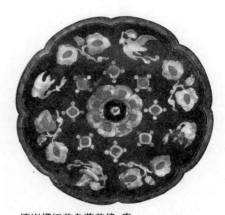

镶嵌螺钿花鸟葵花镜　唐
唐太宗曾经说过"以铜为镜可以正衣冠，以人为镜可以明得失，以史为镜可以知兴替"他对历史的认识如此深刻，却又下令修改国史，不能不让人猜测。

李世民《温泉铭》　石刻

中国历史未解之谜

千古功过任人评——武则天无字碑之谜

武则天像

武则天,是中国历史上唯一的一位女皇帝。她从一个才人一步步爬上皇后宝座,直到最后建立大周朝。登上帝位之后,武皇一方面消灭异己,一方面却也励精图治。在她统治时期,整个社会倒也安定,而关于武则天的传说民间有很多。武则天本人也从不是个甘于寂寞的人,即使死了,也要留下一块无字碑,千百年来引得人们纷纷猜测。

唐高宗李治和武则天的合葬墓乾陵位于西安市西北80公顷的乾县梁山上。墓前有两块高均为6.3米的石碑,西面的为"述圣碑",碑文主要是歌颂唐高宗的功绩,由武则天撰文、唐中宗书写。该碑由7节组成,榫卯扣接,

故又称为"七节碑",碑宽1.86米,重81.6吨。东面是武则天的"无字碑",碑由一块巨大的整石雕成,宽2.1米,重98.8吨。碑头雕有8条互相缠绕的螭首,饰以天云龙纹,碑座则用骏马饮水、雄狮、云纹等线刻画而成。如此精细的雕刻,在历代墓碑中都是极为罕见的。

人们纷纷猜测武则天立无字碑的原因,最主要的说法有三种。一说武则天认为自己功高德大,不是文字所能表达的。在武则天看来,自己虽是女人,但高宗平庸,自己的才能绝对优于高宗,而且她统治期间政治清明,社会安定,人民安居乐业,这应该算是她的一大政绩。可惜的是,当时有很多人认为武皇是抢了大唐江山,是叛臣逆贼,对于她的功劳视而不见。因而,武则天要把自己的功劳让后人去评述、去记载,于是就有了无字碑。二说武则天自知罪孽深重,立了碑文恐怕更招世人骂,还是不写为好。有的说法是,武则天建立大周朝之后,内心感觉愧疚不安,一心想在自己死后将江山归还唐氏。但由于自己称帝的这段经历,使她对自己死后的境遇没有信心,更害怕世人责骂其篡位之罪,因而留下无字碑借以自赎。三说武则天想让后人去评说她的一生。这种说法与前一种说法恰恰相反。武则天对自己一生还是颇感自豪的。作为一个女流之辈,却能在政治斗争中脱颖而出,并到达了权力的巅峰。她要后人客观地评价她的文治武功,雄才大略,而与自己有利益冲突的儿子李显肯

唐高宗与武则天合葬墓

定不会对自己做出客观、公允的评价。鉴于此，武则天要将自己的一生的功过是非交与后人，就是要让后人对自己的一生做出评价。这三种说法似乎每一种都很有道理，至于哪一种说法是她的本意，现已无从考证。

值得一提的是，宋金以后，人们开始在无字碑上面添补题识，现在上面共有 13 段文字。令人惊异的是，这些文字中还有一种少数民族文字，而且长期以来一直没有人能识别。这种早已废绝的少数民族文字，被日本学者山路广明视为"20 世纪之谜"。经考证，金太宗的弟弟于 1134 年在无字碑上刻了《大金皇帝都统经略郎君行记》（简称《郎君行记》），且在旁边配有汉字译文。这种失传了的文字并不是金文，但究竟是什么文字呢？明代金石学家赵山函在《石墨镌华》中说："（《郎君行记》）碑字不能辨，盖女真字……字刻乾陵无字碑上。"这种说法一直广为流传。直到上 19 世纪 20 年代，考古工作人员在内蒙古巴林右旗附近发现辽代帝后的墓志，才将这一谜团解开。原来这些文字和墓志上的字相同，是早期的契丹文字。契丹文字始创于公元 920 年，但随着国家的灭亡很快消亡，到了元代已几乎没有人认识，到了明代则彻底成为一种无人能识的"死文字"了。这一失传的文字作为一份极为珍贵的文字史料被保留下来，却是武则天的无字碑的一大贡献。

武则天墓前无字碑
空白的碑面任由后人评说

中国历史未解之谜

唐玄宗为何被奉为"梨园领袖"?

唐玄宗像

人们习惯上称呼戏班、剧团为"梨园",戏曲演员为"梨园弟子"。"梨园"是怎么和戏曲艺术联系在一起的呢?"梨园"在什么地方?其性质如何?这些都是值得研究的。唐玄宗前期,全国统一,经济繁荣,文化昌盛,许多亚非国家的使臣、学者、商人纷纷齐集长安。在中外文化交流的影响下,唐朝的音乐得到空前发展。唐玄宗本人素喜音乐,在公元741年原来隶属太平寺的倡优杂技人才划出来,设立左右教坊,又挑选好乐工数百人,在蔡苑的梨园进行专门训练。

有关这个艺术组织——"梨园"的建立,《旧唐书·玄宗本纪》载道:"玄宗于听政之暇,教太常乐工子弟三百人,为丝竹之戏,号为皇帝弟子,又云梨园弟子。以置院近于禁苑之梨园。"《新唐书·礼乐志》则说:

登科升平乐舞图 唐

小忽雷 唐

"玄宗既知音律，又酷爱法曲。选坐部伎子弟三百，教于梨园。声有误者，帝必觉而正之，号'皇帝梨园弟子'。宫女数百，也为梨园弟子，居宜春北院。梨园法部，更置小部音声三十余人。"从此，"梨园"成了唐代一个重要的艺术活动中心。它究竟在什么地方呢？清人汪汲《事物原会》卷三十七"教坊梨园"条说："今西安府临潼县骊山绣岭下，即梨园地也。"关于梨园的出处，一般都认为它原是唐代长安的一个地名，但在具体地点上发生了分歧。有人指出在长安西南香积寺附近今黄良乡立园村，此村最早叫梨园村或栗园村。还有人认为是在今西安城东南隅曲江池附近汉武帝所造宜苑旧址旁的春临村一带。第三种说法认为梨园在今西安城东北唐大明宫东侧附近三华里的午门村。第四种说法指出它在今西安临潼骊山绣岭下。

另外还有人认为唐代长安有两个"梨园"。陈寅恪在《元白诗笺证稿》中说一个在光华门北面，一个在蓬莱宫的旁边。《辞海》也持有"梨园"说，指出唐代长安"梨园"有"禁苑梨园"，在长安城北芳林门外东北的禁园中；"乃唐代真正梨园所在"。"宫内梨园"，分男女二部，皆称"皇帝梨园弟子"。

对于梨园的性质的研究，《辞海》曰："唐玄宗时教练宫廷歌舞艺人的地方。"

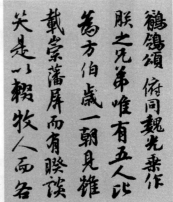

鹡鸰颂 唐玄宗

《中国大百科全书·戏曲曲艺》谓为"唐玄宗时，宫廷内专门训练乐工的机构"，"主要职责是训练器乐演奏人员"。李尤白提出："梨园"是既训练演员，又肩负演出的"皇家音乐、舞蹈、戏剧学院"，为我国第一所综合性艺术学院，李隆基则是其院长（崔公），在他之下有编辑和乐营将两套人马。前者的职责，类似现在的创作人员，后者相当于现在的导演和教师。

在"梨园"研究方面，算得上权威的是李尤白写的《梨园考论》，此书全面考证了与"梨园"有关的问题，而且还提出在西安建立"中国唐代梨园纪念馆"的建议。

宫中乐舞俑 唐

这组乐舞俑均跪坐或盘坐，手中分别持觱篥、拍板、横笛、排笙、琵琶、箫等乐器，作演奏状。唐代宫廷的表演艺术融会了中外许多民族的乐舞，新编乐舞极为活跃。

中国历史未解之谜

南唐后主李煜亡国之谜

李煜像

李煜是南唐的末代国主。他即位时，南唐国力已呈衰颓之势，这位性格懦弱的国主时时刻刻都在感受着国破家亡的威胁。他仇恨宋朝的压迫，但又没有能力用武力与宋朝相抗衡，只要能以小邦苟且偏安，他甘愿贡物称臣最后沦为阶下囚。

李煜的父亲李璟是词坛高手，李煜从小便生活在这么一个浓厚的文化环境中，对词也极为喜爱。即位时，南唐国力日益衰落，他所面临的是"无可奈何花落去"的局面，因此使他这时期的词一部分表现为对宫廷奢华生活的迷恋，一部分则饱含着沉重的哀愁。被俘以后，身为阶下囚的李煜，天天过着以泪洗面的生活。面对春花秋月、良辰美景，

缅怀故国之情油然而生，于是他创作了一首千古传诵的《虞美人》："春花秋月何时了，往事知多少！小楼昨夜又东风，故国不堪回首月明中。雕栏玉砌应犹在，只是朱颜改。问君能有几多愁，恰似一江春水向东流。"没想到这首诗竟成了他获罪的证据，不久便被宋太宗赵光义派人毒死在狱中。

李煜不仅善填词，而且善音律，并因此荒废政事。皇后周娥皇是司徒周宗的女儿，通书史，且能歌善舞，尤其弹得一手好琵琶。当时早在盛唐时曾广为流传的《霓裳羽衣曲》

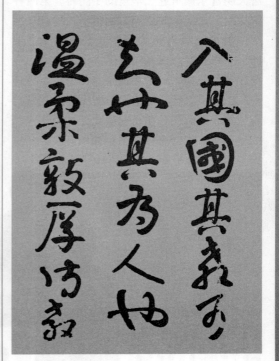
李煜墨迹

重屏会棋图卷 五代 周文矩
此图描绘的是南唐皇帝休闲娱乐、下棋玩乐的情景。

大弦琵琶 南唐

早已被人淡忘，周娥皇找到了一份残谱。她根据自己的理解，重新创作，通过努力，最终恢复了《霓裳羽衣曲》的原貌，开元、天宝之音得以重回人间。周娥皇自己另外还创作了两支曲子，一为《邀醉舞破》，一为《恨来迟破》。李煜和她二人常常会随歌而舞。周娥皇不但擅长音律，于采戏、弈棋也无所不精。对于这样一位多才多艺的知己，李煜是宠爱不已，朝朝暮暮与她一起，整日沉浸在轻歌曼舞中。周娥皇死后，李煜还常常会情不自禁地思念她。

周娥皇有个妹妹，史称小周后，长得风姿绰约，风情万种。

小周后的音律才能虽比不上姐姐周娥皇，但却是弈棋的高手，酷爱围棋与象棋，因此而备受李煜的宠爱，二人常常布局厮杀，以此消遣时光。一天，李煜与小周后正在对弈，且杀得难解难分。为了不受任何干扰。李煜下令卫士守住宫门，对前来奏事的大臣一律不予接待。一位大臣向李煜奏报国家收支的状况已入不敷出，国库空虚，一位大臣奏报宋朝正在调兵遣将，随时来犯，提醒李煜应早做准备，但是都被卫士挡在了宫外。

开宝八年，宋军攻破金陵，李煜率几位大臣肉袒出降。开宝九年正月，李煜到达汴京，宋太祖封他为"违命侯"。后宋太宗即位，封陇西郡公。太平兴国三年（公元978年）七月初七，李煜被宋太宗赐服牵机药而死，时年42岁，赠太师，封吴王，葬于洛阳北邙山。史载，牵机药乃是一种慢性毒药，毒发，最后头足之相就如牵机之状，故名。

中国历史未解之谜

"烛影斧声"与宋太祖之死

宋太祖像

赵匡胤于公元 960 年发动陈桥兵变,黄袍加身,做了 17 年皇帝,到公元 976 年便撒手归西了,正史中没有他死亡的明确记载,《宋史·太祖本纪》中的有关记载也只有简单的两句话:"帝崩于万岁殿,年五十。""受命杜太后,传位太宗。"因此他的死一直是一个不解之谜,为历史留下了又一桩悬案。

司马光的《湘山野录》中记载,开宝九年十月,那天天气极为寒冷,宋太祖赵匡胤急唤他的弟弟晋王赵光义进入寝宫,宋太祖斥退旁人,只留下他们两人自酌自饮。酒过三巡,已是夜深了,他见晋王赵光义总是躲在后边,极其害怕,自有几分得意。见殿前雪厚几寸,便用玉斧刺雪,还不时对他弟弟说:"太容易了,真是太容易了。"当夜赵光义依照没走,留宿于禁宫。第二天天快亮时,禁宫里传出宋太祖赵匡胤已经死了的消息。赵光义按遗诏,于灵柩前即皇帝位。

历史上所谓"烛光斧影"的疑案就指此事。有人认为"烛光斧影"也许不是疑案,只是晋王赵光义戕兄夺位的借口。宋太祖安排后事是宋朝的国家大事,不可能只召其弟单独入宫,并且赵光义又在喝酒时退避。用玉斧刺雪,这正是赵匡胤与赵光义进行过争

战斧 宋
大斧长柯,并有开山、静燕、日华、无敌等名。

斗的状态，晋王一狠心杀死宋太祖。要是不这样写，这段史料也许会被封杀。

不过，关于光义弑兄的原因，史书上另有一种说法。《烬余录》称，赵光义很喜爱已归降的后蜀主孟昶的妃子花蕊夫人费氏。孟昶死后，花蕊夫人被宋太祖赵匡胤纳为自己的妃子，而且特别宠爱。赵匡胤因病卧床，深更半夜时赵光义胆大妄为，以为宋太祖已熟睡，便趁机调戏花蕊夫人，可没想到太祖惊醒，要用玉斧砍他，等到皇后、太子赶到之时，赵匡胤已经只剩一口气了。赵光义趁机逃回自己的王府，第二天太祖赵匡胤就升天了。由此可知，赵光义趁夜黑无人，赵匡胤昏睡不醒的时候调戏他觊觎已久的花蕊夫人，谁知赵匡胤突然醒来发觉了，也许是他盛怒之下欲砍赵光义，可是因为病体虚弱，体力不足，未砍中赵光义。赵光义觉得自己只有死路一条，不管用何种方式都不能取得其兄的原谅与宽赦了，预料到自己将会死得很惨，于是一狠心便杀死了自己的同胞兄弟，然后慌忙逃回府中。宋太祖赵匡胤是病怒交

宋太宗像

皇后骂殿　年画
民间传言太祖皇后曾在殿前大骂宋太宗弑兄篡位

加而死，还是他弟弟杀死的呢，谁也不知其详。不过十分清楚的是，赵匡胤之死与其弟赵光义当夜在皇宫内院的行为有一定的关系。

对于这个疑案，也有一些人为赵光义开脱罪责，司马光的《涑水纪闻》记道："太祖初晏驾，时已四鼓，孝章宋后使内侍都知王继隆召秦王德芳；继隆以太祖传位晋王之志素定，乃不召德芳，径趋开封府召晋王。见医官贾德玄坐于府门……乃告以故，叩门与之俱入见王，且召之。王大惊，犹豫不敢行，曰：'吾当与家人议之。'入久不出。继隆促之曰：'事久，将为他人有。'遂与王雪下步行至宫门，呼而入……俱进至寝殿。宋后闻继隆至，曰：'德芳来耶？'继隆曰：'晋王至矣。'后见王愕然，遽呼官家曰：'吾母子之命，皆托于官家。'王泣曰：'共保富贵，无忧也。'"从这一记载来看，宋太祖赵匡胤过世时，他弟弟赵光义并不知晓，也没在宫中待过，似乎可以洗去"烛影斧声"的嫌疑了。

但是，自从赵光义继帝位后，赵匡胤的长子德昭于公元979年被迫自杀，次子德芳又于公元981年无故而死来看，宋太宗赵光义还是摆脱不了"烛光斧影"、"弑兄夺位"的嫌疑。

中国历史未解之谜

明建文帝生死之谜

皇帝密旨印 明

明朝开国皇帝朱元璋死后，由于皇太子朱标已于洪武二十五年（公元1392年）先他而死，乃由皇太孙朱允炆即位，这就是建文帝，后世也称为明惠帝。然而，在惠帝刚即位不久，燕王朱棣就夺取了帝位，以讨伐齐泰、黄子澄为名，起兵北平（今北京），发动了历史上有名的"靖难之役"。1402年，燕兵攻陷了京师（今南京），燕王即位，是为成祖。就在朱棣攻入南京时，皇宫已是一片大火，建文帝下落不明。此后，有关惠帝已经出逃的传闻颇多，明成祖对此总是不放心，这件事也几乎成为他的一块心病。数百年来，建文帝的下落也是

明成祖像

一桩争讼不决的历史悬案。综合各家说法，主要有"焚死"说和"逃亡"说。

一种说法认为建文帝是自焚而死的，据永乐年间修撰的《明太祖实录》中记录，燕王朱棣发动历史上有名的"靖难之役"。经过四年的征战，燕王获得全胜，建文四年（公元1402年）六月十三日，燕王统领大军开进南京金川门。当燕王军队开进皇宫时，宫中已是一片火海，建文帝也没了踪影。与此同时，建文帝所使用的宝玺也毫无踪影。正史记载建文帝死于宫中的大火中。《太宗实录》卷九记载："上（即明成祖朱棣）望见宫中烟起，急遣中使往救，至已不及。中使出其尸于火中，还白上，上哭曰：'果然，若是痴骏耶！吾来为扶翼不为善，不意不亮而遽至此乎！'……壬申，备礼葬建文君，遣官致祭，辍朝三日。"仁宗朱高织御制长陵后碑也说，建文帝殁后，成祖备以天子礼仪殓葬。成为明成祖的朱棣后来在给朝鲜国王的诏书中说：没想到建文帝在奸臣的威逼下纵火自杀。但是，太监在火后余烬中多次查找，找到马皇后与太子朱文奎的遗骸，建文帝是活是亡无从得知。燕王为让天下知建文帝已自焚，曾作有祭文，但其坟墓处

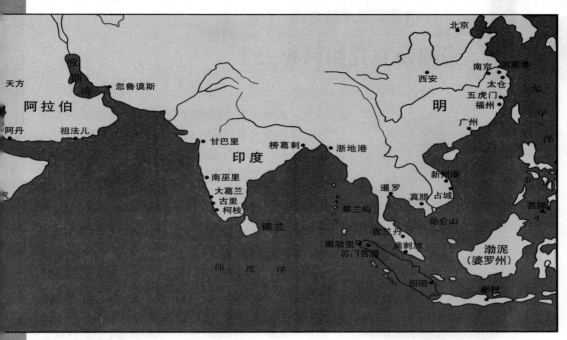

郑和下西洋路线图
据说，郑和下西洋之目的，是奉明成祖之命，寻找建文帝的下落。

于何处，无人可知。明末崇祯帝就曾说过：想给建文帝上坟，却不知在何处？

另一种说法认为在南京攻破之时，建文帝曾想自杀，但在其亲信说服下，削发为僧，从地道逃出了皇宫，隐姓埋名，浪迹江湖。明成祖死后，他又回到京城，住进西内，死后葬于京郊西山。朱棣登位后，感到建文帝对他有一种无形的压力，因此多次派心腹大臣到处访问。永乐年间郑和下西洋的陪同官员中，有锦衣卫士，这显然就是用于暗中察访建文帝的。明成祖曾向天下寺院颁布《僧道度牒疏》，将所有僧人名册重新整理，对僧人进行了一次全方位的调查。从永乐五年（公元1407年）起，还派人以寻访仙人张邋遢为名到处查找，涉及大江南北，前后共二十余年。民间流言中，在许多地方都有建文帝的踪迹与传说。有的说建文帝逃到云贵地区，而且辗转到了南洋地区，直到现在，云南大理仍有人以惠帝（建文帝）为鼻祖。也有现代学者认为，当年建文帝潜逃后，曾藏于江苏吴县鼋山普济寺内，接着隐匿于穹窿山皇驾庵，于永乐二十一年（公元1423年）在此病亡，埋于庵后小山坡上。

至于建文帝的下落到底如何，以上两种说法都无法提出令人满意的答案来。

◆中国历史未解之谜◆

中国历史未解之谜

崇祯帝究竟如何死去？

崇祯帝像

天启七年（公元1627年）八月，熹宗病危，召信王入宫受遗命。不久熹宗撒手归天，年仅17岁的信王朱由检即位，大赦天下，次年改为崇祯元年（公元1628年）。年轻气盛的崇祯皇帝面临的是一种风雨飘摇的局面。这位明朝最后的一位皇帝很想凭借自己的一腔热血力挽狂澜，重建太平天下。他即位后铲除阉党魏忠贤、一心想要中兴，但是最终李自成的农民起义军冲破了京城，明朝覆灭了，他自己也落了个自缢的下场。崇祯帝朱由检生性懦弱、无主见，而且他继位时的明朝已是政治腐败。崇祯皇帝也回天乏术，大臣们个个明哲保身，少有为社稷着想者。而且崇祯为人极易猜疑，大臣们更是小心翼翼、

很少发言。就是到了起义军进逼京城的时候，也没有主动站出来为崇祯分忧的大臣。

当李自成的起义军猛烈进逼，崇祯帝惊慌得完全失了主见，处处寄希望于大臣们，希望他们能提供妙计良策，甚至替他决断，但是危急之中，大臣们又能有什么办法呢？

崇祯十七年（公元1644年）三月，每天崇祯帝都要召见大臣，有时候竟达到一日三次。起初大家都认认真真地替崇祯帝谋划，提出"南迁"、"撤关"等，可崇祯帝总是拿不定主意，大臣们也渐渐没招了。召见中，大臣总是惶恐地说："为臣有罪，为臣有罪！"然后就不再说话，实在被问急了，只是用些"练兵"、"加饷"等话来应付崇祯帝。每次召见，崇祯帝都非常不满，常常是中途拂袖离去，回宫后痛哭并且大骂："朝中无人！朝中无人！"

大明灭亡的前三天上午，崇祯帝来到东左掖门，召见了新考选官32人，问他们以急策。崇祯帝本想能从新臣中寻找到良策，可一见答卷，也全是些套话。召见未及一半，忽然有一太监送进一个密封，崇祯帝拆视后脸色突然大变，原来这是昌平（今北京市昌平区）失守的总报。李自成军已经攻到昌平。但是惊慌的崇祯帝仍无法从众大臣那里得到一计良策。

次日早晨，崇祯帝再次召见文武诸臣，半晌大家都沉默不语。崇祯帝流着泪恳请大臣们想办法，大臣们也是泪流满面地回应。忽然有位大臣大梦初醒一般，凑向前欲奏对，

崇祯帝一见，马上将泪水收住，准备细听，只听这位大臣说："当务之急为考选科道。"原以为是什么良策，不想又是老套话。可这位大臣一开头，许多大臣也跟着说这人当起，那人该用。崇祯帝早就不耐烦了，俯首在御案上写了七个大字："文武官个个可杀。"起身示意退朝。

关于崇祯的死，历来众说纷纭，计六奇《明孝北略》卷二十记载道："丁未五鼓，上御前殿，与二人手自鸣钟集百官，无一至者。遂散遣内员，手携王承恩，入内苑，人皆莫知，上登万岁山之寿皇亭，即煤山之红阁也。亭新成，先帝为阅内操特建者……遂自尽于亭下海棠树下，太监王承恩对面缢死。"又有《明史》卷三百九《流贼传》说："十九日丁未，天未明，皇城不守，鸣钟集百官，无至者。乃复登煤山，书衣襟为遗诏，以帛自缢于山亭，

崇祯帝思陵石五供 明

帝遂崩。"而《明之述略》中却说："丁未，内城陷，帝崩于西山。"可见，对崇祯究竟怎么死，死于何地至今还是个谜。一个力图中兴的君主竟落得如此凄凉的下场，令人深思。大臣们还是一副唯唯诺诺、支支吾吾的样子，出的计策无非是什么巡街闭门、不许出入等。这时候守城者来报，守城军队不敌。

见城陷就在眼前的崇祯帝，不禁大哭，边哭边道："诸臣误朕至此！"自己拿不定主意，却要埋怨大臣。大臣们见形势"不可为"，便俯首同崇祯帝一起恸哭，哭声响彻大殿，甚为悲惨。到了中午，崇祯又召见大臣，此时大臣们已彻底看透了这位年轻且毫无主见的皇帝，干脆以沉默来回答崇祯帝，崇祯帝不禁大吼道："既然这样！不如大家一起在奉先殿统统自尽吧！"此话倒是说中了，19日晨，崇祯帝在走投无路中自尽身亡。

景山周赏亭——明崇祯帝上吊处

中国历史未解之谜

袁世凯猝死之谜

袁世凯像

1916年（民国五年）6月6日，窃国大盗袁世凯在亿万民众的声讨中魂归西天。

在互相庆贺的同时，人们也不免产生疑问，是什么原因造成了这个窃国大盗的猝死呢？有人认为他是病死的，有的认为他是被气死的，而在这两种说法中又衍生出多种猜测。

一种说法称袁世凯患尿毒症，在医疗方案上，袁世凯的两个儿子意见分歧，大儿子袁克定相信西医，主张动手术；二儿子袁克文则竭力反对，相持不下，贻误时机，终致不治。

与此相近之说，则有袁世凯患病后不肯服药而死之说。当年袁世凯在彰德修养时，有术士给他算命，称"袁不得过五十八岁"。袁"问有何禳解否？"曰此事甚难，非得龙袍加身不可，袁世凯听后没说什么，赐酒给术士，术士出门后就死了，大家都猜测是袁世凯害死了术士灭口，从此后，袁世凯便有了称帝之心。1915年称帝后却事事不顺，众叛亲离。称帝于是积忧成疾；昏迷之中，总看见术士来索命。有人服侍他吃药，他总是不吃，因为药汤很像当年他给术士喝的毒药，他周围亲近的你都知道原因，但都不敢和大家说，最后改用针灸治疗，但也没能保住他的性命。

"气死说"论者则认为袁世凯是因帝制失败，众叛亲离而气愤而死的。有人说："袁世凯以称帝不成，中外环迫，羞愧、愤怒、怨恨、忧虑之心理循生迭起，不能自持。""盗国殃民，丧权乱法，在中国为第一元凶，在人类为特别祸首，其致死固宜，益以年老神昏、兵亡将变、人心怨怼、体面无存，袁氏心非木石，顾后思前，能不自疚，此即袁氏死之真相因也。"

对袁世凯本人来说，始终没有向后人交代他为何人所气而难以治愈。这个窃国大盗在咽气前，只是有气无力地说："是他害了我！"但这句话所指的是谁，仍不清楚，其用意和含义更是令人费解，也给后世留下了千古之谜。

袁世凯的"皇帝之宝"和"中华帝国之玺"印文

后宫

中国历史未解之谜

夏桀王的爱妃妹喜是"间谍"吗？

夏桀与元妃

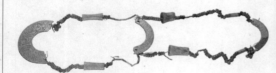

三璜联珠玉佩饰 夏

这件玉佩由九件玉饰和近百颗珍珠组成，是夏代贵妇的饰物。

大石矛

当夏桀耽于女色，朝政昏暗，国力衰退之时，东方商王早已厉兵秣马，做好了伐夏的准备。

有施国是与夏朝同时期的一个小国，它的国内有一位叫妹喜的美女很有胆识，商国便是在其帮助下灭掉了夏，有人说她是中国有史以来的第一位女间谍。

有施国在与入侵的夏朝作战时战败。作为战败国，有施国将国中最美的美人妹喜送给了夏桀。据明代钟惺的《夏商演义》中说，妹喜是山东蒙山国君施独的女儿，其父母想把她进献给夏桀来实施复仇计划。

美貌绝伦的妹喜，常常像男子一样佩剑戴冠，具有深不可测的多变性格。来到夏朝后，

商汤像

好色的夏桀很快就为其神魂颠倒，终日饮酒作乐。外间击鼓奏事甚多而桀却罢朝。诸臣免朝，国事尽托太师。他整天抱着妹喜对其言听计从，昏乱失道。但国力不强的有施国，尚无能力打败夏国。此时，强大起来的商国也派来一位名叫伊尹的间谍。伊尹是商国的一名厨师，商汤非常赏识他的有智有谋，因此派他去夏朝从事间谍活动。为了不让夏桀怀疑，汤使用了苦肉计，亲自追射伊尹，以示伊尹有罪逃亡。果然，夏桀非常信任伊尹。伊尹的真实意图被妹喜知道后，与他配合行动。妹喜主要从事破坏和离间活动，刺探夏的机密，调查中原地形；及时通风报信则是伊尹的任务。妹喜在取夏的时机成熟后，又让伊尹向商和各诸国传播谣言，说夏桀曾做了这样一个梦，梦见西方和东方都出现了一个太阳，两个太阳搏斗，东方的太阳战胜了西方的太阳。

东方的太阳代表的就是位于夏的东边的商朝。迷信的商朝人，认为这是上天的旨意，于是，大肆宣扬，最后率领诸侯消灭了夏朝。

在商灭亡夏朝的过程中，妹喜做出了重要贡献，但她不但没有受到赏赐，反而连同夏桀一道被流放到南巢。可能是汤怕自己受不住过于妖艳的妹喜的诱惑而走夏桀的老路吧。

伊尹像

石镞、单孔石刀 夏
这是在夏朝遗址中发现最多的石箭镞和石刀，全部为兵器。掠夺婚是古代婚姻的重要形式之一，还有史料表明，夏桀通过战争强娶妹喜，属掠夺婚。

中国历史未解之谜

汉武帝后宫巫蛊之乱新探

汉武帝像

偶，巫蛊皇上。很快，这封信便转到武帝刘彻手中。

本性猜忌多疑的刘彻看了这封信，雷霆震怒之下下令火速查究，查究的大事自然由江充负责。江充派手下罗织罪名，趁机把公孙贺的人马一网打尽。公孙贺与敬声一同被捕入狱，严刑拷打，蔓引牵连，使得很多人无端获罪。最终，公孙贺父子惨死狱中。江充还不过瘾，还要灭公孙贺全家，甚至皇后的姐姐卫君儒也未能幸免。

这一巫蛊案使武帝更加疑神疑鬼，总怀疑有人用巫蛊术来暗害他。因此，这种迷信猜忌之心又被江充利用了。江充除去了公孙贺后，把矛头指向别的手握重权的皇亲国戚。诸

在中国古代史上，秦皇汉武被相提并论。汉武帝一生大有作为，但在他在位时又上演了一幕幕巫蛊闹剧，致使皇后、太子、丞相和无数大臣都成为巫蛊的牺牲品，史称"巫蛊之乱"，它成为汉武帝一生洗不清的污点。

公孙贺是当时汉朝丞相。为了替儿子赎罪，他答应为汉武帝捉拿阳陵大盗朱安世。朱安世被捉后，为了报复，向汉武帝写了一封揭发公孙贺的信，朱安世在信中写出了公孙贺的种种罪行，甚至说公孙贺密谋要取代皇上；在皇上经常出入的甘泉宫路下埋下木

西汉未央宫椒房殿遗址

邑公主、阳石公主、卫青的儿子长平侯卫伉也都受到牵连，并全部被杀。江充非常得意，又把仇恨的利剑指向曾得罪过自己的太子刘据。

一天，武帝神思恍惚，隐隐约约看到几千个木人，手拿着兵器，凶神恶煞般向他袭来。他惊醒后，觉得浑身酸软，毫无力气，锐气精力荡然无存。此后的刘彻，精气散逸，身体一天不及一天。武帝认为此乃巫蛊所致，命江充从速查实。

江充和心腹按道侯韩说、御史章赣率领大量爪牙进入后宫，对每一个宫都掘地三尺，搜查木偶，甚至武帝御座下的地面也被挖掘了。太子东宫和皇后中宫，也要挖地三尺。

太子刘据和皇后卫子夫恼怒万分，但有圣旨在，太子、皇后也只能听之任之。江充分部挖完之后，奏报刘彻，声称在东宫和中宫挖出的木偶为数最多，并且每个木偶身上都写了许多咒语，诅咒武帝，言辞不堪入目。

武帝刘彻龙颜大怒，可仔细想想又不至于此，便召太子入宫，想要问个究竟。

太子得知自己被江充诬告，

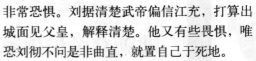

汉武仙台遗址
位于陕西省黄陵县城北桥山上的黄帝陵内，据说是汉武帝祈仙所用。

非常恐惧。刘据清楚武帝偏信江充，打算出城面见父皇，解释清楚。他又有些畏惧，唯恐刘彻不问是非曲直，就置自己于死地。

刘据真的无计可施，在万般无奈的情况下采用了少傅石德的计策，派人佯称天子使者，收捕江充，一举把江充及其死党杀死。

江充被杀死后的当天夜里，太子派心腹假称天子使者，进入皇后居住的未央宫，告知皇后大祸临头，情况危急万分。刘据调用皇后御厩车马、射士，私自派人打开长乐宫中贮备武器的仓库，紧急调用长乐宫卫士，大肆搜捕江充党羽。京师长安乌烟瘴气，宫中血雨腥风，一时天下大乱。

太子刘据最终战败，带着残兵败将逃出京城长安。丞相刘屈耗率军占领京师后，把这次叛乱的主谋全部缉拿，众多的太子宾客和太子少傅石德以及太子家小全部被杀。皇后卫子夫感到脱不了干系，也自杀身亡。

不久太子的行踪被发现，太子被迫自缢而死。

太子刘据全家死亡殆尽，但武帝想不通，依然派人调查此事。一年后，此事才真相大白。太子真的是无辜，皇后也是冤死，这纯粹是由佞臣江充策划的一场宫廷巫蛊冤案。史书记载，汉武帝时期的这些巫蛊案使两位太后被杀，两位丞相被腰斩，太子刘据和两位公主、皇孙罹难，加牵连的人前后超过 10 万人，晚年时汉武帝已感到巫蛊术的危害，了解到太子被巫蛊所害，遂诛灭江充家族，继而筑"思子台"，并在太子蒙难处筑"归来望思台"。武帝在思子台上老泪纵横，品尝自己一手酿成的苦果。

中国历史未解之谜

北朝众帝后出家之谜

在一般人的心目中，很难将高高在上、享受荣华富贵的帝后与孤独寂寞、陪伴青灯古佛的尼姑联系在一起，然而，在封建王朝中，却有多位早年出自尼庵或是晚年遁入空门的尊贵帝后。而且在北朝的中后期，大概100多年之中，仅历魏、齐、周11帝，竟然有17位帝后出宫为尼，实在是世所罕见。这成了我国佛教史和北朝发展史上的一个极为奇怪的现象。那么，何以造成这种现象呢？

有人从我国的佛教传说来分析，用帝后佞佛来解释它，认为这是媚佛、迷信佛的结果。

东汉明帝时，佛教传入我国，先始于洛阳。汉末曹魏时期，在河南地区得到了初步的传播，西晋十六朝时期得以迅速的传播和发展，在北魏时达到鼎盛。

南北朝时期的佛教，由于门阀世族的推崇，进一步得到了统治阶级的扶植和推广，获得了广泛的传播。再加上佛教所宣扬的因果报应和六道轮回之说具有很大的诱惑性，因而南北朝历代的统治者，包括皇帝、贵族和世族官僚都信奉佛教，天竺（印度）僧人佛图澄、鸠摩罗什先后被北朝后赵石勒、石虎和前秦苻坚尊为国师。南朝的梁武帝更是一个信奉佛教的虔诚教徒，他曾把佛教定为国教，前后4次出家为僧，迫使朝廷和众大臣出巨资为他赎身。北朝也是如此，以北魏来看，各位帝王都崇尚佛法。根据史书的记载，北魏时的15位皇帝（连同西魏），都倡导佛法并且大兴译经、造寺及刻像之事。文明皇太后冯氏、孝明皇后胡氏、恭帝皇后若干氏及西魏文皇后乙佛氏都在长安出家为尼。在当时，洛阳城里的西域僧人有3000人之多。宣武帝下令建造的永明寺有一时期曾居住外国沙门达3000余人。当时的文人学士，也大多崇尚佛法，这就致使寺庙僧人的发展极为迅速。从这些资料可以看出，正是由于对佛教的盲目信奉，才导致了北朝时17位帝后出宫为尼。

然而，另外一些人从北朝17位帝后为尼的背景出发，仔细加以比较，得出了另一种

山西五台山显通寺 南北朝

结论，认为佞佛并不是帝后出家的真正原因，以为这些帝后出家为尼的真正原因包括：一是健康的缘故，寺庵的环境有利于染病在身的帝后的康复；其次是有的帝后在争宠的角逐中，由于失宠而被逐出宫为尼；再次是因皇位更迭或王朝易代而沦为牺牲品的，对这些失败的帝后来说，入尼庵实在是一个很好的去处；第四类是幼主嗣位后两宫争权的失败者；最后则是入寺寻求政治避难的。

另外有一些人则认为应该从当时寺院经济的特殊地位来探讨分析这么多帝后出宫为

皇后礼佛图 南北朝

在盛装、肃穆的礼佛行列中，我们可以感受到雍容华贵的拜佛者的虔诚和侍从们的恭敬。

尼的根本原因。北朝中后期，由于统治阶级的扶持，寺院势力得到了迅速的发展，僧尼的人数骤增。佛寺已经遍及全国各地，这其中的不少佛寺是由统治者出资修建的。这些皇帝修建的寺庵，大都富丽堂皇，以收容帝后为尼最多的瑶光寺为例，此寺还有大量的宫女供帝后妃役使。这些寺院都占有相当多的土地和大量的劳动力，渐渐形成了独立的寺院经济和特殊的僧侣地主阶层。寺院都拥有大量的土地财富，不经营生产，通过出租或役使依附农民，经营商业，发放高利贷等。剥削广大的劳动人民，聚集了大量的财富。范缜在《神灭论》中说：人倾尽家财去拜佛求僧，然而那些粮食却被无所事事的众僧吃掉了。大量钱财都流进了寺院，社会上到处都是坏人，但却没有人去制止，人们还都在称颂"阿弥陀佛"。因此可以看出，这些寺院其实是供帝后享乐的另一处别宫，在实际的物质生活上与宫中并无差别。因此，这些人认为，在当时，寺院的特殊地位才是帝后出宫为尼的根本原因。

总而言之，不论这些帝后出宫为尼的真正原因如何，都只是让人们在回顾这段历史时，徒增几声感叹而已。

菩萨交脚像 南北朝

中国历史未解之谜

武则天后宫面首知多少?

武则天(公元624~705年),自取名曌,并州文水(今山西文水)人,身世并不显耀。公元689年(唐永昌元年十一月),武则天下诏改用周历,改诏为制。公元690年(武周天授元年九月九日),武则天登基,改国号为周,改年号为天授,自称圣神皇帝。武则天是中国历史上第一个也是唯一的一个女皇帝。人们说到皇帝,常常会首先想到"三宫六院"、"佳丽三千"。那么作为女皇帝是否也需要"三宫六院"、"俊男三千"呢?据资料记载,武则天称皇帝后,后宫养了很多面首,面首就是供武则天享乐用的漂亮男人。其中武则天较为宠幸的有张易之、张昌宗兄弟、沈南谬、薛怀义等。但风流的武皇一旦有了性自由以后,她是不可能只拥有几位面首就满足的。她开始大胆放纵自己,嗜欲无度,通过各种渠道为自己搜罗面首,那么武则天究竟有多少面首呢?

史书称武则天有面首三千,可与男性皇帝匹敌。但这种说法的传说成分较多,不可轻信。不过,我们可以从武则天通过种种手段来搜罗面首的有关记载中来推断武则天究竟拥有多少面首。

武则天面首的来源有很多渠道,其中最重要的就是太平公主所献。常言道:"饱暖思淫欲。"平民百姓尚且如此,何况有帝王之尊且永不服输的武后呢?她认为历代皇帝可以有三宫六院七十二妃嫔,难道女人就应该从一而终吗?长长黑夜,孤寂一人,这哪里像个女皇帝?于是她为自己平反,广选"妃嫔",当然这些"妃嫔"都是一些高大英俊的男人。武氏大权在握,至高无上,文武百

武后步辇图 唐

官吏朝觐壁画 唐

武则天朝中，官员和侍卫有不少风流倜傥之人，他们中有不少或被别人推荐，或自荐，或被武后召幸，从而成为武后面首。

宫无一敢抗命。一些朝廷大臣为讨好女皇，自荐为武氏广择"美男"，如挑选美女一样，挑选貌美体健的男子，结果被选入宫中的，个个貌比潘安。然而选嫔妃有姿色就够了，但作为面首，光有英俊的外表是不够的。武后虽年过花甲，但养生有道，再加脂粉钗环，真是姿色不减当年，但人的生理变化是不能够改变的。绣帏之间，武后不能够随心所欲，动不动就大发雷霆，可怜那班徒有其表的俊男儿，进宫不出三五天就被侍卫捆了手脚，扔在御苑中的万生池中，喂了蛇蝎。作为武后的女儿，太平公主独具慧眼，一眼看穿母后的苦楚，于是亲自出马，以身试验，终于物色到难得的"宝物"，送于母后，真是雪中送炭，大解武后之饥渴，真是知母莫若女。张易之、张昌宗、沈南谬、僧惠范这些以"阳道壮伟"而受武则天宠爱的人物，基本上都是经过太平公主亲自体验、细心挑选的。唐朝享乐事件中，母女共用一男，大家共享，也成为时尚。还有就是那些自我感觉很好的男子向女皇"毛遂自荐"。据《旧唐书》载，柳良宾是由自己的父亲推荐的，同时被荐的有侯祥云，"子良宾洁白美须眉；左监门卫长吏侯祥云阳道壮伟，过于薛怀义，专欲自进奉宸内供奉"。除了自己的女儿推荐、官僚推荐、男宠自荐，武则天还经常密派宫廷内的官员到民间秘密搜罗。据说当时宫中女才人上官婉儿就曾接受过这样的任务。上官婉儿出发前，武则天还就如何挑选男子向她面授机宜：男子鼻子大、隆直，必阳道壮伟。经过这众多途径，武则天的后宫自然"面首三千"了，为了对这些面首加以管理，公元698年，则天女皇成立了控鹤监。控鹤监是则天朝所独设的一种机构，它的设立，大概是与则天女皇的崇道思想有关。公元699年初月，则天女皇又设控鹤监丞、主簿祭官；到了公元700年初，则天女皇又将控鹤监改为奉震府，由张易之、昌宗二兄弟管理，俨然与过去"三宫六院"无异，张氏兄弟就像是东西宫的"皇后"、"贵妃"。

由上可见，说武则天"面首三千"虽无实据，但她的面首肯定很多是不会错的。

武则天金简 唐

金简正面刻文字六十三个，楷书，其中有武则天自造字五个，属于武则天登中岳时所用的器物。

中国历史未解之谜

上官婉儿为何不记武则天灭族之仇？

上官婉儿是一代才女。在唐高宗时，上官婉儿一家被武则天抄没，然而上官婉儿一心服侍武则天，她为何就不记武则天的灭族之恨呢？

据说婉儿尚在母腹中时，其母梦中见大秤一杆，于是请教相士，相士掐指一算，惊呼："此子日后当称量天下。"待到婉儿出生，竟是一个女孩，大家都很失望，说相术骗人，无非为钱财而已，也就不再在意。等到婉儿祖父上官仪被武后杀害后，童年的婉儿与母亲郑氏被没入宫中为奴，本以为会暗无天日，可是等婉儿长成，她的才华开始在宫中显露出来。她博古通今，诗词文章尤为出色，甚至书法、数术、弈棋等无所不精。她的才名很快传到了武后的耳中并召见了她。当场面

唐宫双陆图　唐

唐大明宫遗址

试时，小婉儿聪明伶俐，从容不迫，一挥而就，写了一首七言诗，其文辞精美，比起朝廷大臣们的腐儒酸调，可谓天上人间。尽管诗的字里行间不时透出对武则天的愤恨之情，可武则天并不计较，并感叹道："此女才智非凡，赛过须眉！"随后，她命上官婉儿离开掖庭，到她身边来当秘书。上官婉儿接到诏命，心里非常复杂，这个权力至上的女人，曾是杀死自己家人的仇人，害得自己和母亲沦落为奴，现在，她又要将自己从困境中解救出来，委以重任，而且是随侍身边的贴身秘书，憎恨、感激、恐惧各种滋味涌上心头，烦恼无比。但是一个月以后，她就成了武后最信任的贴身女官。武后讨厌批阅表奏，起草诏命，便把这些事都给婉儿处理，由此也正应了"称量天下"的预言。朝廷大臣们也竞相奔走其门下。从此，上官婉儿对武则天由仇视慢慢转为拥护。到中宗李显即位，上官婉儿更是大被信任，中宗被婉儿的才貌所迷，便将婉儿召幸，册封为婕妤，封其母郑氏为沛国夫人。

但此时婉儿并不高兴。因嫌中宗懦弱无能，在武后晚年时，她开始与武三思私通，并在诏命封旨上推举武氏，抑制唐中宗。此时的上官婉儿已变得心机重重，她为了讨好皇后韦氏，将武三思让给了韦氏。

景云元年，韦后和安乐公主毒死中宗，立中宗年仅16岁的幼子李重茂为帝，韦后称太后，临朝听政，并派上官婉儿商请太平公主，想得到她的帮助。此事未果以后，韦后自当朝政，后来还想杀少帝李重茂和相王李旦，此事被相王第三子李隆基得知，他与太平公主合谋，联络羽林军冲入皇宫杀死韦后和安

宫苑图 唐 李思训

乐公主。李隆基后来诛其逆党时，上官婉儿受此牵连被杀了。"称量天下"的一代才女从此香消玉殒。

中国历史未解之谜

杨贵妃未被立为皇后之谜

妃杨贵
醉酒
牡丹亭

牡丹亭杨贵妃醉酒 版画

唐宫宴乐图

　　杨贵妃，名玉环，号太真，弘农华阳（今陕西华阳东）人。杨玉环出于世代官宦之家，从小没有衣食柴米之虞，可以无忧无虑地抚琴吟唱，尽情歌舞，从小就受到了良好的艺术熏陶。杨玉环天生丽质，被誉为我国古代四大美人之一，深得唐玄宗李隆基的宠爱。为博得她的欢心，唐玄宗对其要求千方百计地加以满足，不仅让她享尽荣华，连她的家人也都地位显赫，真可谓"一人得道，仙及鸡犬"。

　　但是为什么如此宠爱她的唐玄宗，只封她为贵妃，而不册封她为皇后呢？这一点比较奇怪，而且皇后的位子已虚悬多年了。而杨贵妃又为什么不恃宠向唐玄宗提出册立皇后的要求呢？

对此，有的学者认为，这是因为唐玄宗看中的是自己儿子寿王瑁的妃子，唐玄宗为得到她，先让她做了一段时间的女道士，但毕竟是公公娶媳妇。在重视礼制的封建社会，这种败坏伦常的妇女哪有资格做"母仪天下"的皇后呢？唐玄宗不能封，杨也不好提。因而直到死，杨贵妃也未被立为皇后。

但也有学者持异议，认为这是宋朝以后的看法，思想较开放的唐朝并没有这种伦常观念，它的婚姻关系也比较自由随便。唐高宗李治便以唐太宗李世民的妃子武则天为皇后，他这是"儿子娶后娘"。儿子能娶后娘，公公当然也可以娶儿媳妇了。所以以上说法是不成立的。

还有一种说法认为，唐玄宗之所以不封杨贵妃为皇后，是从寿王身上考虑的。杨贵妃被夺走，给寿王留下了感情上的创伤，同时也埋下了一颗不定时的炸弹。再加上杨贵妃长期没有生子，皇后的位子很长时间没有人选，一旦发生重大变动，很可能引发宫廷政变，因而，考虑到多种因素，唐玄宗在过完61岁大寿的时候，就将册立杨玉环的诏书公布天下，立其为妃，而不是册

杨贵妃骊山避暑图　清　袁江

立其为皇后。

尽管杨贵妃未被立为皇后，但宫中称她为"娘子"，礼仪与皇后相同。以其当时的地位来看，实际就是六宫之主，对于"集三千宠爱于一身"的杨妃来说，恐怕立不立皇后都是一样的。

中国历史未解之谜

杨贵妃真的被缢死了吗？

司杏花神杨玉环 版画

杨贵妃是中国家喻户晓的一位绝代佳人。她那传奇的一生曾触发无数骚客文人的才情，为之吟诗作赋。然而，这位国色天香的美女究竟归宿如何呢？史书记载天宝十五年（公元756年）六月，洛阳沦陷，潼关失守，盛唐天子唐玄宗狼狈地与众臣逃跑，其爱妾杨贵妃死于马嵬驿。可是，文人赋咏与史家记述是相差十万八千里的，因此杨贵妃的最后归宿，至今还留下许多疑问。

一种观点认为，杨玉环或许死于佛堂。《旧唐书·杨贵妃传》记载：禁军将领陈玄礼等杀了杨国忠父子之后，以"后患仍存"为由，强烈要求赐杨玉环一死，唐玄宗无奈，与贵妃诀别后只得下令。杨贵妃"遂缢死于佛室"。

也有人认为，杨贵妃也可能死于乱军之中，这可从一些唐诗中的描述看出。杜牧的"喧呼马嵬血，零落羽林枪"、张祐的"血埋妃子艳"、温庭筠的"返魂无验青烟灭，埋血空生碧草愁"等很多诗句，都认为杨贵妃被乱军杀死于马嵬驿，而不是被强迫上吊而死。

一些人称，杨贵妃之死存在其他的可能，比如有人说她实际上是吞金而死。这种说法只出现在刘禹锡所写的《马嵬行》一诗。刘禹锡诗中有段写道："绿野扶风道，黄尘马嵬行，路边杨贵人，坟高三四尺。乃问里中儿，皆言幸蜀时，军家诛佞幸，天子舍妖姬。群吏伏门屏，贵人牵帝衣，低回转美目，风日为天晖。贵人饮金屑……平生服杏丹，颜色真如故。"从此诗来看，杨玉环是吞金而死的，陈寅恪先生曾对这种说法颇感新奇，因而在《元白诗笺证稿》中提出质疑。陈氏怀疑刘禹锡听作《马嵬行》一诗,是流于"里中儿",所以会有很多说法。可是,陈氏也没有排除杨贵妃在被缢死之前,也有可能吞过金,所以"里中儿"才一传十,十传百。

还有一种说法是,杨贵妃没有死在马嵬驿,只是被贬为庶人,并被下放于民间。俞平伯先生在《论诗词曲杂著》中对白居易的《长恨歌》以及陈鸿的《长恨歌传》作了考证。他本人认为白居易的《长恨歌》、陈鸿的《长恨歌传》之本意,蕴含着另一种意思。假设以"长恨"为篇名,写到马嵬就不写了,何苦还要在后面假设个临邛道士和玉妃太真呢?从而俞先生认为,杨贵妃并未死于马嵬驿。当时军中正乱,贵妃不明去向,只有金银散落一地。诗中详细说明了唐玄宗"救不得"之因,因此正史所载的赐贵妃一死,当然绝不会有。陈鸿的《长恨歌传》所言"使人牵之而去"是说杨贵妃被使者牵去藏了起来。白居易《长恨歌》说玄宗回长安后要为杨贵妃重造陵墓,结果是"马嵬坡下泥土中,不见玉颜空死处",连尸骨都找不到。这就更证实了贵妃也许是被人救出。令人深思的是,陈鸿作《长恨歌传》时,恐怕后人不明其故,所以重点突出"世所知者有《玄宗本纪》在",而"世所不知"者,今传有《长恨歌》。这分明是暗示杨贵妃没有在马嵬驿死去。

还有一种说法认为,杨贵妃最后逃亡到日本。1984年出版的《文化译丛》第五期,张廉译自日本《中国传来的故事》一文说,当时马嵬驿被缢死的,乃是个侍女。禁军将领陈玄礼为贵妃美色所吸引,不忍杀之,遂与高力士谋,以侍女代死。杨贵妃则由陈玄礼的亲信护送南逃,大约在今上海附近扬帆出海,经海上漂泊,辗转来到日本久谷町久,最终在日本安度晚年。

但其生死情况究竟如何,至今仍令人难解。

杨贵妃墓
风华绝代的杨贵妃真的葬在这里?

中国历史未解之谜

明代"壬寅宫变"之谜

嘉靖皇帝骑马像

自古以来,防备森严的地方不是监狱,而是皇宫。皇帝为防人行刺,日日夜夜命人巡逻守卫。明朝也不例外。

明朝皇帝的寝宫是紫禁城内的乾清宫。除了皇帝和皇后,其余人都不可以在此居住,妃嫔们也只是按次序进御,除非皇帝允许久住,否则当夜就要离开。

嘉靖年间的乾清宫,暖阁设在后面,共9间。每间分上下两层,各有楼梯相通。每间设床3张,或在上,或在下,共有27个床位,皇上可以从中任选一张居住。因而,皇上睡在哪里,谁也不能知道。这种设置使皇

上的安全大大加强了。然而,谁又能防备那些守在他身边的宫女呢?

就是这群宫女,干出了惊天动地的大事,这就是历史上的"壬寅宫变"。"壬寅宫变"发生在嘉靖壬寅年(嘉靖二十一年,公元1542年)。当时史料曾有如下记载:

嘉靖二十一年十月二十一日凌晨,十几个宫女决定趁朱厚熜熟睡时把他勒死。先是杨玉香把一条粗绳递给苏川药,这条粗绳是用从仪仗上取下来的丝花绳搓成的,川药又将拴绳套递给杨金英。邢翠莲把黄绫抹布递给姚淑皋,姚淑皋蒙住朱厚熜的脸,紧紧地掐住他的脖子。邢翠莲按住他的前胸,王槐香按住他的上身,苏川药和关梅秀分把左右手。刘妙莲、陈菊花分别按着两腿。待杨金英拴上绳套,姚淑皋和关梅秀两人便用力去拉绳套。眼看她们就要得手,绳套却被杨金英拴成了死结,最终才没有将这位万岁爷送上绝路。宫女张金莲见势不好,连忙跑出去报告方皇后。前来解救的方皇后也被姚淑皋打了一拳。王秀兰叫陈菊花吹灭灯,后来又被总牌陈芙蓉点上了,徐秋花、郑金香又把灯扑灭。这时管事的被陈芙蓉叫来了,这些宫女才被捉住。朱厚熜

乾清宫封记 明

虽没有被勒断气，但由于惊吓过度，一直昏迷着，好久才醒来。

事后，司礼监对她们进行了多次的严刑拷打，对她们逼供，但供招均与杨金英相同。最终司礼监得出："杨金英等同谋弑逆。张金莲、徐秋花等将灯扑灭，都参与其中，一并处罚。"

从司礼监的题本中可知，朱厚熜后来下了道圣旨："这群逆婢，并曹氏、王氏合谋弑于卧所，凶恶悖乱，罪及当死，你们既已打问明白，不分首从，都依律凌迟处死。其族属，如参与其中，逐一查出，着锦衣卫拿送法司，依律处决，没收其财产，收入国库。

陈芙蓉虽系逆婢，阻拦免究。钦此钦遵。"刑部等衙门领了皇命，就赶紧去执行了。有个回奏，记录了后来的回执情况："臣等奉了圣旨，随即会同锦衣卫掌卫事、左都督陈寅等，捆绑案犯赴市曹，依律将其一一凌迟处死，剉尸枭首示众，并将黄花绳黄绫抹布封收官库。然后继续捉拿各犯亲属，到时均依法处决。"圣旨中提到了曹氏、王氏，曹氏、王氏是谁呢？据人考证，她们是宁嫔王氏和端妃曹氏，因此，有人根据这道圣旨得出结论，是曹氏、王氏指使发动了这场宫廷政变。

司礼监题本中记录了杨金英的口供："本月十九日的东梢间里有王、曹侍长（可能指宁嫔王氏、端妃曹氏），在点灯时分商说：'咱们快下手吧，否则就死在手里了（手字前可能漏一个'他'字，指朱厚熜，或有意避讳）。'"有些人便以这一记载作为主谋是曹氏、王氏的证据。

然而有人则不以为然，认为如果主谋是曹氏和王氏，那么史料上应该记载宁嫔王氏和端妃曹氏的情况，而在以上所述的行刑过程当中，却从未见到过对曹氏和王氏的处置的描述，因此主谋是谁尚不能断定。

"深闺燕闲，不过衔昭阳日影之怨"，是明末历史家谈迁对此案的看法，但事实究竟如何，无人知晓，因此成为又一柱宫闱之谜。

乾清宫 明

中国历史未解之谜

究竟是谁制造了"梃击之案"？

明光宗朱常洛像

皇帝的皮弁 明

金托嵌宝革带 明

明朝万历末期至天启初年，发生了轰动朝野的三大案，分别为梃击案、红丸案、移宫案。这些案子都与皇帝后宫有关。万历帝于 10 岁时即位，到万历四十八年（公元 1620 年）去世，在位 49 年，是明朝历史上在位时间最长的皇帝。在他在位时，"梃击之案"首先发生。

万历帝非常宠爱郑贵妃，也十分宠爱郑贵妃所生的儿子朱常洵。这本来都是小事，但皇帝的偏爱却逐渐发展成为令朝廷上下不安的大问题，即所谓的"国本"之争。因为按照传统，册立太子应遵循立长或立嫡的原则，而郑贵妃之子不是长子，按道理是不能被立为太子的。

神宗没有嫡子，而恭妃王氏所生长子朱常洛又一直受冷遇。万历皇帝一直拖延着，迟迟不册立太子，他还表示要把三个儿子同日封王，以示自己同等视之。由于大臣们的一再催促，万历二十九年（公元 1601 年）十月，神宗才正式册立朱常洛为太子，朱常洵则被封为福王。万历四十三年（公元 1615 年）五月，发生了梃击案，梃击的目标直指太子。

明朝万历四十三年（公元 1615 年）五月初四日，有一个名叫张差的男子，手持枣木棍（即木梃），不由分说地闯入太子朱常洛居住的慈庆宫，逢人便打，击伤守门官员多人，一直打到殿前的房檐下。被打中的人的呼喝声、号救声，连成一片。多亏内官（宫中小臣）朝本用反应比较快，眼疾手快地将持棍男子抓获，宫内才平静下来。这时的东宫警备不严，内廷的太监们往往托病离去，侍卫人员也只有几个，所以就发生了张差梃击事件，也就是"梃击之案"。

张差被捆缚到东华门守卫处，收禁起来。次日，皇太子据实报给神宗，神宗命法司（掌司法刑狱的官衙门）提审问罪。巡视皇城御史刘廷元按律当场审讯。可是，张差没说上几句话，就开始颠三倒四，像一个疯子。御史再三诱供，可张差总是胡言乱语，什么吃斋，什么讨封，问答了数小时，也没有将实情供出，惹得审判官不耐烦，只好退堂，把他交给了刑部定论。交到刑部后，由郎中胡士相等人重新提审，结果也是同前审一样，毫无结果。刑部主事王之寀认为其中必有隐情，说张差肯定不疯不狂，而是有心计有胆量。最后张差扛不住了，供认自己是红封教的成员。在当时，秘密结社盛行。红封教是北京附近地区白莲教的一支，马三道、李守才为教主，都住在蓟州地方的井儿峪。张差招供说自己是受郑贵妃宫中的太监庞保、刘成的指使而打入慈庆宫的，事成之后，他们答应给张差30亩地。参与此事的还有张差的姐夫孔道。消息传开后，朝野内外开始议论纷纷，都怀疑郑贵妃想要谋杀太子，以便扶立福王。

事情发生后，太子和郑贵妃先后赶来见明神宗。太子常洛气愤地说："张差做的事，一定有人主使！"郑贵妃光着脚走来，对天发誓，然后撒起泼来，嘴里唠叨着说："奴家若做此事，全家甘受千刀万剐！"神宗看到双方如此对立，拍案而起，指着贵妃说："群情激怒，朕也不便解脱，你自去求太子吧！"朱常洛看到父亲生气，又听出话中有音，只得将态度缓和，并说："这件事只要张差一人承担便可结案，请速令法律部门办理，不

明孝端显王皇后像
曾抚养皇长子朱常洛长大成人，支持立皇长子为太子。

能再株连其他人。"神宗听后，顿时眉开眼笑，频频点头，说道："还是太子说的对"。于是，一场家务案，就这样在明神宗的导演下降下了帷幕。

后人重新研究此案时，都认为是郑贵妃主使了此事。近来却有人提出了异议，认为在郑贵妃与太子双方已经明确对立的情况下，郑贵妃不可能鲁莽地做出这种事来。这样会让大家明显地把矛头指向自己，而如果郑贵妃真想谋害太子的话，不会仅仅派一人持棍去闯防备森严的太子宫殿，因而得出的结论是：太子为巩固自己的地位，自编自演了一出"苦肉计"，以便让人们将怀疑的视线投向郑贵妃，以便彻底将其铲除。只是因为皇帝的干预，太子才没有得逞。当然，这种说法也只是一家之言，因为也无确凿的证据。

中国历史未解之谜

孝庄太后为何下嫁夫弟多尔衮？

孝庄文皇后朝服像

1644年，皇太极驾崩。一场激烈的皇位之争展开了。有实力的竞争者有三个人：长子肃亲王豪格、皇太极十四弟睿亲王多尔衮和第九子福临。其中豪格和多尔衮都是拥有实力的亲王，得到八旗部队中半数的支持。这时福临的生母博尔济吉特氏看中了两红旗旗主礼亲王代善的辈分和威望具有能够左右大局的力量，便紧紧拉住代善，使两红旗长支持福临。然后又将镶蓝旗拉至麾下。最后，使多尔衮改变初衷，拥戴福临。幼主福临即位后，多尔衮把持国柄，成为摄政王。

《清朝野史大观》这样记载：多尔衮还以顺治的名义向天下颁布诏书：皇叔摄政王现在是单身，他的身份、地位和相貌，皆为国中第一人，太后非常愿意放弃自己的地位嫁给他。因此"太后下嫁"之说自明末清初即已流传，清末排满时重又复炽。

至于太后下嫁皇叔多尔衮，一直以来，史学界有着各种不同的看法。有的根本就不承认此事；有的说这件事是千真万确，也是符合满族传统的。满族入关前由奴隶制向封建制迅速过渡，但还保留着兄死则妻其嫂等遗俗，而且博尔济吉特氏既然要为自己的亲生儿子谋皇位，扩大政治势力是其必由之路，因此用新的联姻来扩大自己的势力还是符合情理的。至于下嫁时的规模怎么样，有没有向天下颁发诏书，这还需要进一步的考证。一些颇具历史价值的史书确切地记载了这件事。清蒋良骐在《东华录》中记载说，多尔衮"自称皇父摄政王，又来到皇宫内院"。假如太后没有嫁给他，假如他没有以皇父的身份对待顺治帝，那么，他经常出入内院，恐怕是皇室宗亲所不能答应的。而且，多尔衮死后，朝廷破格追封他为诚敬义皇帝。

朝鲜《李朝实录》对此事也有记载。书中说，顺治六年二月，清廷曾派使臣到朝鲜递交国书。朝鲜国王李倧从见国书中将多尔衮称为皇父摄政王，便问道："贵国咨文中有皇父摄政王的称法，这是什么意思？"使臣回答："去掉'叔'字，是朝中可喜可贺的事啊。他和皇帝就成了一家人。"

《清圣祖实录》记载说，康熙二十六年十二月，孝庄文皇后得了重病，即将死去时，孝庄文皇后对康熙说："太宗文皇帝梓宫，安放在那里已很长时间了，不可因为我而去打扰太宗皇帝的安息。我迷恋你父皇、皇父及你，不忍远去，所以在附近选一块地安葬了就行了。这样，我也没什么可以遗憾的了。"满清讲究帝后合葬，显然，孝庄文皇后是觉得下嫁皇叔多尔衮，愧对太宗，于是就借口说不愿葬得太远，单独就近安葬。孝庄文皇后的要求不合情理，但作为孙子的康熙是亲耳听到孝庄文皇后的遗言的，当然得遵守，于是他把孝庄的灵柩停放在东陵。到了雍正继承皇位时，才将灵柩葬入东陵地宫。

南明弘光政权的兵部尚书张煌言在《建州宫词》中也讲述了这样一件事实："上寿称为合卺樽，慈宁宫里烂盈门；春宫昨进新仪注，大礼恭逢太后婚。"这事在当时很可能是尽人皆知的，否则，张煌言也不会这样撰写。四川师范大学图书馆收藏着一部《皇父摄政起居注》，注后有刘文兴写的跋。跋称：清宣统初年，内阁库坍妃，家君刘启瑞当时是阁读，奉命检阅库藏，得顺治时太后下嫁皇父摄政王诏。于是，这件事便在整个朝野传开了。

另一方面，20世纪30年代，明清史大师孟森著《太后下嫁考实》，力辩此事全无。也有学者认为张煌言诗，不能作为太后下嫁确证。其诗系远道之传闻，故国之口语，诗非信史，不足为凭。而蒋氏《东华录》所记"皇父"，是清君主对某个臣下的尊称，或是清世祖封多尔衮为"皇叔父"后以其定鼎功勋显著，无可晋爵，乃以"皇父"为封。"皇父"之于皇帝仍为臣下。而满族旧俗有直呼尊者为父之例，多尔衮前封"皇叔父摄政王"，满文直译为"汗（君）的叔父父王"，因此这并不表明多尔衮为福临的皇父。

综上所述，"下嫁"是否确有其事，目前难以做出定论，只待新的材料发现和新的研究工作展开，才能解开个中之谜。

中国历史未解之谜

董鄂妃身世之谜

董小宛像

清初皇帝顺治是历史上有名的多情种子，他爱美人不爱江山，在自己钟爱的妃子去世后，开始万念俱灰。据民间传说，顺治因董鄂妃去世心灰意冷，遁入空门。而董鄂妃究竟是何人呢？是顺治以一般途径纳入宫中的妃子，还是另有来历？

据汤若望回忆录记载，顺治皇帝狂热地爱上了一位满籍军人的夫人，并在这位军人斥责他夫人时，打了此军人一个耳光，于是这位军人因愤致死，或自杀而死。皇帝于是把这位军人的夫人收入宫中，并封为贵妃，这位贵妃于顺治十七年（公元1660年）产下一子，皇帝本预备立他为将来的皇太子。但是这位皇子竟于数星期之后死去，其母不久亦去世。这与《御制董妃行状》中说董妃"后于酉冬生荣亲王，未几王薨"的记载相合。于是有人推测董鄂妃实为这位军人之妻。

不过，谁是那个军人，为什么他的夫人在宫禁中竟能自由出入，实是耐人寻味。从其夫人与皇帝的亲近情形看，必为近臣。有人于是开始猜测上述军人即是顺治之弟太宗第十一子博穆博果尔，即襄亲王。此人卒于顺治十三年（公元1656年）七月初三日，终年16岁。董鄂妃于同年八月间在其18岁时即被册封为贤妃，从时间上推测，正好27天的服制刚满。

对董鄂妃进宫时情形，当

后妃礼服冠 清

时诸种史书均没有作过详细的记载，仅仅有顺治在挽词中说她在 18 岁时，以其德优而被选入宫中。可是选秀制度规定，超过 17 岁的女子就没有权利参加选秀了。董鄂氏若 18 岁时才去应选，别说"以德选入掖庭"，就是和众"合例女子"竞争而进宫做侍女的可能性都很小。那时选秀的合适年龄一般在 13 岁至 16 岁之间，若把初选、复选、择配、成婚和与襄亲王一起过日子的时间等因素考虑在内，董鄂妃参加选秀的年龄应在 15 岁左右，也就是顺治十年前后。董鄂氏进宫后没多长时间，顺治便将其赐为襄亲王博穆博果尔的妻子。

清初有各宗室及亲郡王命妇轮番入侍后妃制度，作为襄亲王妻子的董鄂氏，当然有进宫的姿格。长时间周旋于内宫，这样自然而然就有机会与皇帝交往。顺治十一年四月，孝庄太后觉察到儿子与弟媳之间有不正当的勾结，赶忙命令停止命妇入侍后妃之例，说以前根本没有此定制，应"严上下之体，杜绝嫌疑"，这似乎就是针对顺治与董鄂氏的不正当关系而言。

襄亲王与顺治是同父异母的兄弟，而董鄂氏却是襄亲王的妻子。顺治这种强占弟媳的可恶行为当然不但有辱国体、宗门和家法，更严重的是恶化了满蒙贵族的政治关系，因此孝庄太后当然要竭力反对。首先，她废弃了亲王郡王命妇入侍后妃的旧例，以便不让儿子和董鄂氏继续来往，接着册立孔四贞为东宫，想使顺治转而宠幸孔四贞，可是她所做的一切均没有效果。顺治为了得到弟媳，逼死胞弟，夺占弟媳。对于顺治的种种行为，孝庄太后在无可忍耐时终于亮出"撒手锏"，将董鄂妃除去，也因此导致了顺治出家的闹剧。

以上说法只是一些人的推测而已，在民间，关于董鄂妃的来历还有另一种说法，认为董鄂妃即为明清之际江南名妓董小宛。

董小宛姓董名白，字青莲，又字小宛，她在 19 岁时嫁给了当时有名的才子冒襄，冒襄的《影梅庵忆语》记载了董小宛的生平，《忆语》中追述她的生平时不吝笔墨，但对小宛生病及丧葬等事却语焉不详。冒襄写道"到底不谐，今日验兑。"似乎董小宛不是病死，病死应作悼亡之辞，而不至于生出"不谐"之叹。于是有人推测说冒襄以小宛被掳之日作为祭辰，托言小宛已死，实则被掳入宫，赐姓董鄂，晋封贵妃了。

到底董鄂妃是顺治弟媳，还是民间传说之董小宛，尚无人做出肯定的结论，董鄂妃的来历与顺治是否出家一样，成为千古之谜。

清顺治皇后孝康章皇后像

中国历史未解之谜

香妃是否实有其人？

香妃戎装像

有关香妃的传奇故事，经过多年的讲述以及世人的发挥，渐渐地完整了，并在民间广为流传，就在香妃传说被传得沸沸扬扬时，著名的史学专家孟森教授于1937年经过考查，得出香妃就是乾隆皇帝的容妃的结论。但因为出示的证据不够充分，与传说中的香妃形象有很大的差别，因此人们对此事也是半信半疑。直到1979年10月，遵化清东陵文物保管所人员偶然来到了容妃的地宫。其中出土一批残碎物品，考证这批物品，并和传世的史料相对照，可以证实孟森教授所说的"香妃就是容妃"的结论是正确的。

然而，现实中的香妃是怎样的呢？

雍正十二年（公元1734年）九月十五日，容妃出生于新疆伊斯兰教白山派教祖玛木特素甫的后裔家里，世代居住在叶尔羌，其族称和卓，因此称为和卓氏。由于对容妃童年、少年时代没有详细的记载，因此关于她在这一阶段的情况世人并不了解。史书记载，和卓家族经受了种种灾难。她的父亲阿里和卓曾带着家人在伊犁流浪，为准噶尔汗开垦荒地、放牧。容妃来到这个世间的时候，她的家族正处于苦难之中，她就在别人的屋檐下度过了童年和少年时期。

就在容妃16岁那年，准噶尔部落爆发了争夺汗位的内讧。乾隆帝派部队到准噶尔，

把准部内讧问题解决之后，南疆由于失去教主统领，内部即将爆发战争。乾隆帝决定用宗教维持民心，让和卓家庭继承教主地位，情况才算有所缓和。容妃一家虽然还是住在伊犁，但与霍集占共同管理穆斯林，地位提高了。这一年容妃21岁。她与霍集占事实上是远亲也就是堂兄妹，并不是传说中的香妃与霍集占是夫妻。

和卓家族重建家园后，霍集占煽动他的哥哥博罗尼都背叛清廷。兄弟俩称大、小和卓，传檄南疆各城主，发起了所谓"圣战"。一时间，南疆硝烟滚滚，大有席卷中原之势。

乾隆二十三年（公元1735年），弘历下令伊犁将军兆惠率兵抵达南疆。由于急于攻城而冒险前进，差一点就全军覆没，多亏容妃叔父额色伊、哥哥图尔都包抄霍集占后路，兆惠才得以逃脱。清乾隆二十四年（公元1736年）八月，平定了南疆叛乱，战报报到京师，弘历非常高兴，让有功人员进京观见。

乾隆二十五年（公元1737年）二月初，容妃和她的六叔帕尔萨、侄子巴巴和卓最后一批来到京城，同叔叔、哥哥在新建的回子营中共同生活。按理说，乾隆帝也会召见有功于清室的和卓家族的最后一批客人。不晓得是因为容妃长得太迷人了，还是因为有政治目的，总之，乾隆帝见过容妃后就决定将她接入宫中。攀上

平定准噶尔图卷 清

乾隆戎装像

皇亲，对和卓家族自然是一件大大的喜事。

二月初四这一天，容妃穿着回部服装，跨进了庄严神秘的紫禁城内宫。乾隆帝破格封她为和贵人，她成了乾隆帝一生中惟——位回部妻子。这年，容妃27岁，乾隆帝正好进入"知天命"之年。

从乾隆五十二年（公元1787年）十月开始，史书上又有了有关容妃的事迹。不过非常令人遗憾，这些记载并不是容妃身体健康、安然无恙之类的记述，而是说她重病在身。乾隆五十三年，容妃病逝。死后，以妃礼入葬。她是信仰伊斯兰教的，因而在棺木上特地刻上了《古兰经》的经文。

清朝皇帝的妃嫔本来是满、蒙、汉族都有。弘历有后妃36人，只有一名回妃。《中国野史大观》上记载香妃在宫中身藏匕首，最后遭到太后赐死，与史料不符。容妃死后葬在遵化清东陵的妃子寝园，也是确凿无疑的。传奇性的故事并不能真正代替历史，那么关于香妃的传说是什么人编造的呢？编造这一传奇故事的用意何在？这仍然是未解开的谜。

中国历史未解之谜

东太后慈安死因之谜

清延竹慈

慈安太后之玺及玺文

慈安太后便服像

在清朝的历史上，作为两宫皇太后之一的东太后慈安是与西太后慈禧一样举足轻重的人物，然而光绪七年三月初十日（公元1881年4月8日），一向健康无病的东太后慈安在12小时内竟突然发病及暴卒，实在出人意料。从此，慈安之死成为清宫的一件疑案。

东太后慈安，姓钮祜禄，谥孝贞显皇后，

为满洲镶黄旗人，于道光十七年七月十二日（公元1837年8月12日）出生，其父穆扬阿，曾任广西右江道。咸丰为皇子时，钮祜禄氏就已经是他的侧福晋。由于他的嫡福晋（萨克达氏，后上尊号孝德显皇后）于咸丰即位前已经去世，钮祜禄氏遂于咸丰二年二月（公元1852年3月）被封为贞嫔，五月晋贞贵妃，十月又册立为皇后。1861年11月咸丰帝死后，她被尊为母后皇太后，上尊号慈安，与慈禧太后共同"垂帘听政"，众人称她为"东太后"或"老佛爷"，与西太后慈禧相对应。

慈安与慈禧形成鲜明的对比，她是位德高望重的好皇后，因此众人痛惜其暴崩，并对其死产生了怀疑。东太后当时45岁，小西太后慈禧两岁，"体气素称强健"（孔孝恩、丁琪著《光绪传》），而当时西太后慈禧正病卧在床。所以听到噩耗，很多朝臣都以为是"西边出事"了，等得知结果后惊诧不已。许多官员提出怀疑，尤其是左宗棠，立即大喊有鬼。翁同龢的《翁文恭公日记》中记载说："则昨日（初十日）五方皆在，晨方天麻、胆星，按云类风痫甚重。午刻一按无药，云兴脑混乱，牙紧。未刻两方虽可灌，究不妥云云；则已有遗尿情形，痰壅气闭如旧。酉刻一方天脉将脱，药不能下，戌刻仙逝云云……呜呼奇哉！"仅12小时便由发病至死，岂不"奇哉"？

据说，慈安太后在暴卒的当天还曾经视朝。

而当时枢府王大臣奕䜣、大学士左宗棠、尚书王文韶、协办大学士李鸿藻等觐见慈安，都见慈安面无病状，仅是两颊微红，犹如醉色，没有什么特别之处。午后，军机诸臣退，内廷忽传孝贞太后驾崩，命枢府诸人速进议，诸大臣惊诧不已。因为以往帝后生病，总是在军机检视之下传御医用药。而此次忽然传太后驾崩之消息，确实非常奇怪。诸臣入至慈安宫，见慈禧坐矮椅，目视慈安小殓，十分镇静地说："东太后素来健康，怎会突然死去？"语时微泣，诸臣皆顿首慰藉，均不敢问其症状。最后草草办完了丧事。

根据慈禧以上的表现，人们便认为是慈禧毒死了慈安，而且，传说咸丰帝留给慈安一封密诏，要她必要时处死慈禧，慈安在慈禧的哄骗下焚毁了密诏，把自己对抗慈禧的一件最大的武器也毁了，慈禧便毒死了她。

对慈安太后暴卒的具体原因至今还存在着争议，除中毒之说外，还有自杀、自然死亡等说。"自杀"说来自《清稗类钞》，书中说："或曰：孝钦实证以贿卖嘱托，干预朝政，语颇激。孝贞不能容，又以木讷不能与之辩。大恚，吞鼻烟壶自尽。"《清朝野史大观》里又用"或曰慈禧命太医以不对症之药致死亡"来说明慈安为用"错药致死"。

不管是"毒死一说"还是"自杀"或"错药致死"说，都有一个共同点，即慈禧害死了慈安。不过也有学者认为慈安为"自然死亡"，徐彻的《慈禧大传》则倾向于"病死"说。首先，作者认为慈安不善理政，例如召见臣子时说的话分量不足，只会询问其身体状况、行程远近等等，所以她根本不会妨碍慈禧在

政治上的权力，慈禧也没必要害死她。

徐彻提出了《翁同龢日记》中的关于慈安发病的两则记载作为证据。一则是慈安太后26岁时曾经患了"有类肝厥"疾病长达24天，甚至达到"不能言语"之程度。另一则是同治八年（公元1869年）十二月初四日，慈安太后"旧疾发作，厥逆半时许"。"厥症"主要表现为突然昏迷、不省人事、四肢厥冷，轻者昏厥时间较短，重者则会一厥不醒甚至死亡。

但这也只是徐彻的一家之言，至于慈安太后暴卒的真正原因，只能是作为清宫的疑案成了人们茶余饭后的话题。

慈安皇太后谥册 清

清东陵内慈安、慈禧的陵墓——定东陵

中国历史未解之谜

珍妃坠井之谜

珍妃像

珍妃，姓他拉氏，满洲镶红旗人，才色并茂，颇通文史，光绪十四年（公元1888年）进宫，后晋封为珍妃。光绪帝与珍妃感情甚好，但慈禧与珍妃一直有嫌隙，后因珍妃支持光绪戊戌变法，因此受到慈禧太后怨恨，最后在光绪二十六年（公元1900年）七月八国联军进攻北京、慈禧仓皇出逃前夕，将珍妃溺死于宁寿宫外的玻璃井中，但珍妃是否坠井而死，一直众说纷纭。据《清朝野史大观》记载，八国联军兵临城下，慈禧等人收拾行装准备逃出紫禁城，珍妃进言说皇上是一国之君，应该留京，太后一怒之下命李莲英将其推入宁寿宫外大井中。

这种说法认为珍妃的死是由于她干预朝政，支持变法，惹怒了慈禧，才使慈禧在八国联军进京前西逃西安时，将其除掉。

但是也有人说珍妃并未讲过"皇上留京"一语，珍妃坠井是西太后用封建的贞节观诱逼所致。

太监小德张过继孙张仲忱在《我的祖父小德张》一文中记述了珍妃死时的情景，说珍妃当时患重病，请求回娘家避难，慈禧不准，让崔玉贵把珍妃投入井中。

种种说法各持一端，至今也是个谜。但珍妃死后，引起了人们对她的无限同情，一批正直的士大夫知识分子纷纷托词为悼。

珍妃井

政界

中/国/历/史/未/解/之/谜

中国历史未解之谜

周公为什么没有取周成王而代之？

周公像

西周时期，周武王驾崩，太子成王年纪尚小，关于周公作为叔父如何处理当时朝中政治局面的这一问题，从春秋时期到现在，一直是众说纷纭。《左传·僖公二十六年》称，周公曾"股肱周室，夹辅成王传"；《左传·定公四年》又记，成王在武王之后继位时，"周公相王室以尹天下"；《史记·周本纪》也载，由于天下刚刚稳定，成王还在少年时期，"周公……乃摄行政，当国"。从这些可了解周公只是"夹辅"或"相"成王，"摄（代为）行政"，并没有篡夺王位的意思。《孟子·万章》说得更为详细，"周公尔有天下"。

然而有些史料中记载，周公的所作所为并不是这样的。

《荀子·儒效》和《淮南子·氾论训》都说，周公想要夺取天下。清代王念孙《读书杂志》解释说，周公想要得到天子的皇位。《礼记·明堂位》和《韩诗外传》卷三又称：周公想要坐上天子的位置。《尚书·大传》更明确指出，周公身居要位，管理着天下的国事。据今所考，《尚书·大诰》中的"王"把文王称为"宁王"，也称作"宁考"。"考"，是对已故父亲的称呼。文王的儿子是周公，文王的孙子是成王，所以只有周公才能称文王为"考。"《尚书·唐诰》又载："王若曰：孟侯，朕其弟，小子封。"周公的同母弟是康叔，"封"即为康叔之名。《康诰》中的王对康叔称"弟"，显然这个"王"又是周公。据上述条件可知，身居王位的周公的确自称为王。

为什么周公会僭位称自己为王呢？根据

周武王像

成王方鼎 西周早期

此鼎是周文王之孙周成王时铸造的，极为精美，特别是立耳上的雕龙，做工精细，显示了高超的青铜器制作水平。

《尚书·金縢》的记载，周公曾对太公、召公说："我不管理国家，我没有办法告慰我的先王。"众所周知，武王死后，国家还未统一东方，这就有待于让自己的子嗣完成统一大业。由于成王尚年少，不能担负起这个重任。周公经过深思熟虑，觉得如果自己不称王，则各诸侯就会造反，先王的统一大业将毁于一旦，自己死后无法向先王交代。《荀子·儒效》也说，周公"履天子之籍"的原因是"恶天下之倍（背叛）周"。的确，由于刚创下基业，政局不稳定，成王年幼无知，还没有治理国家的能力；如果想巩固新生政权，就需要经验丰富的君主。其实，武王在临死前也想把王位传给周公。《逸周书·度邑解》记武王曾称赞周公为"大省知"，认为只有周公"可瘳于兹"，能稳定周初的政局，因而主张"乃今我兄弟相为后"，应该由弟来继承王位。当武王把自己的想法告诉了周公时，周公"泣涕共手"，即感激又害怕，并说自己不能这么做。这足以证明，周公并不是想篡权夺位。故《韩非子·难二》说："周公旦假为天子七年。"他也只是代替成王打理国事，等成王长大再主动交出权位。《汉书·王莽传》载，群臣上奏说："周公掌握大权，那么周朝就有道，且王室安稳，如若不然，周朝就有灭国的危险。"正因如此，周公才以天子的身份，对众多的大臣发号施令，常常称为天命。很明显，周公是为整个江山社稷作打算，才会"假为天子"。

但是，有些史料对此还有另一种说法，《荀子·儒效》记载说，周公屏除成王而继接武王来治理天下，有人说"偃然固有之"，这怎么不是想篡位呢？《史记·燕召公世家》又记当时"召公疑之"，《鲁周公世家》也记载周公对太公、召公解释过这个问题。召公、太公都是贤明之人，如果当时周公安分守己，怎么都怀疑他呢？特别是管叔、蔡叔他们都害怕周公的所作所为对于成王会有很大的威胁，所以才会发生暴乱。看着管、蔡的表现，足以证明他们对周王朝的忠心。关于管叔、蔡叔"受赐于王"、"开宗循王"之事，在《逸周书》中的《大匡》、《文政》等篇中都有记载。所以顾颉刚曾说："他们二人确实是武王的好助手。"周公运用计谋让他的哥哥按照"兄弟相为后"应该继位的管叔到京城以外的地方做官，又在管、蔡发动暴乱起兵东征杀死了他。

关于周公究竟是为了周王朝的江山社稷而正大光明的代为执政，还是因为要尽手段要篡权夺位而没有得逞的问题，要想在现今大量纷繁复杂的历史古籍中找出答案，还存在困难。

管仲为何被娼妓奉为保护神？

管仲像

私妓出现于春秋战国时期。《史记·货殖列传》中记载："赵女郑姬，设形容，揳鸣琴，揄长袂，蹑利屣，目挑心招，出不远千里，不择老少者，奔富厚也。"又说："中山地薄人众，犹有沙丘。纣淫地余民，民俗懁急，仰机利而食。丈夫相聚游戏，悲歌慷慨，起则相随椎剽，休则掘冢作巧奸治，多美物，为倡优女子，则鼓鸣瑟、跕屣，游媚贵富，入后宫，遍诸侯。"另外《诗经·周南·汉广》曰："汉有游女，不可求思。"上面资料表明，这些赵女郑姬精于打扮，善于歌舞，兼善媚术，色艺俱佳。为了金钱她们不惜出卖肉体和色相，有时甚至长途跋涉。她们的经营方式主要是上门服务。《诗经》中用"游女"一词，将当时私妓的经营特点非常贴切地说明了。

营妓（也称"军妓"）的最初形式在这一时期已经开始出现。据《越绝书》、《吴越春秋》等书记载，公元前470年前后，"越王勾践输有过寡妇于山上，使士之忧思者游之，以娱其意"。越王勾践为了解决士气低落的问题，让"有过寡妇"为军中"忧思者"提供性服务，这就是典型的"营妓"。尽管当时越王勾践让"有过寡妇"为军士提供性服务，可能是一种应急措施，并没有形成一种制度，但它一直被看作是中国营妓制度的雏形。

但是，真正的国家经营娼妓业，却是由管仲开创的。

管仲，名夷吾，初与友人鲍叔牙经商为生。后来"鲍叔牙事齐公子小白，管仲事公子纠。及小白立为桓公，公子纠死"，管仲被囚，鲍叔牙"遂进管仲"，"力陈管仲之贤"，桓公于是任管仲为相。（《史记·管晏世家》）管仲在任期间，竭力协助齐桓公治理国家，实行了一系列改革。重新划分行政区域，整顿吏治，严肃军队纪律，利用官府力量发展盐铁业，促进生产，统一管理货币，调整物价，通过"尊王攘夷"，控制各诸侯国内政，抵御周边少数民族进军中原。通过这些改革方案，齐桓公成为春秋时期的第一个霸主。

管仲在位时不但推行一系列改革措施，还设置"女闾"。所谓"女闾"，就是妓院。也就是说，管仲是第一个设置官方妓院的人。管仲于公元前685年被封为"卿"，死于公元前645年，因此设"女闾"制应该是在公元前685年至公元前645年之间。这比梭伦

街市中的青楼（妓院）

制度产生了非常深远的影响。在他的影响下，春秋各国纷纷效仿，后世的封建统治者也从此让娼妓制度获得合法地位，这恐怕是作为春秋时期的大政治家、思想家的管子始料未及的吧！我们完全可以想象，当时的妓院肯定不像日后那样畏首畏尾，而是在管仲丞相的庇护之下，光明正大地经营。所以娼妓们当然要奉管仲为"保护神"了，这一习惯也延续到了后世。

创立雅典国家妓院（公元前594年）至少还要早50年以上。因此有人说管仲是"世界官妓之父"。

当时妓女数量还是比较多的，如管仲设女闾300，据《周礼》中说"五家为比"，"五比为闾"，一闾是25家，总数当为7500家，若设700，就有1.75万家之多。

"女闾"制开了国家经营娼妓业的先河。作为政治家管仲，其实行"女闾"制，目的有四：一是为了增加国家收入。清代褚人在《坚瓠续集》卷一记载："管子治齐，置女闾七百，征其夜合之资，以充国用，此即教坊花粉钱之始也。"二是为了缓解及调和社会矛盾。三是招揽游士，网罗人才。当时诸侯争雄，齐桓公为了能够称霸天下，借助美女来招引人才。四是供齐桓公淫乐。齐桓公是一个好色之徒，这在文献中有所记载："好内，多内宠，如夫人者六人。"他好色无度，喜欢寻求刺激。但管仲设立妓院，最重要的目的是为了从中收税以作军费。

管仲设立市妓和妓院，对后世中国公共

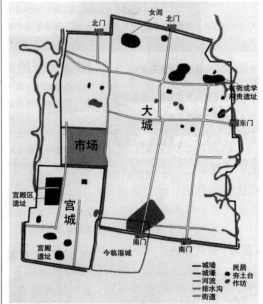

临淄故城前朝后市格局

在后市之中，有一处名为女闾，即管仲所设的妓院，这也是中国历史上最早的妓院。

中国历史未解之谜

赵高乱秦之谜

赵高像

赵高是秦始皇和二世皇帝宠信的权臣，他声势显赫，一时权倾朝野。很多历史学家有这样的看法：秦朝的覆灭，与这个人物篡权误国多少有些关系。

中国历史上著名的史学大师司马迁在《史记·蒙恬列传》中写到了赵高的身世："赵高者，诸赵疏远属也。赵高昆弟数人，皆长隐宫，其母被刑戮，世世卑贱。秦王闻高强力，通于狱法，举以为中车府令。"

赵高为什么能平步青云地进入秦王朝中央政权机关呢？这是因为他"通于狱法"，

这一点与"喜刑名之学"的秦始皇不谋而合，因而成为秦始皇的心腹。秦始皇出巡途中病重，便让赵高给公子扶苏发送诏书，"以兵属蒙恬，与丧会咸阳而葬"，即让扶苏继承皇位。但是诏书还没发出，秦始皇已死，李斯在赵高的威逼利诱下，同他一起伪造了遗诏，扶助胡亥为二世皇帝，赐公子扶苏自尽。接着，他千方百计陷害并杀死了掌握兵权的大将蒙恬和蒙毅。胡亥继承皇帝大位后，赵高又怂恿他"尽除去先帝之故臣"，结果赵高帮助胡亥除去了许多秦的宗室大臣，连李斯也难免一死。从此，秦朝的中央大权完全被赵高掌握。

关于赵高的身世，历来众说纷纭。清人赵翼在《除余丛考》卷四十一《赵高志在复仇》中曰："高本赵诸公子，痛其国为秦所灭，誓欲报仇……卒至杀秦子孙而亡其天下。则高以勾践事吴之心，为张良报韩之举，此又世论所及者了。"他自称，这种观念出自《史记索引》，得到许多人的共认，郭沫若先生主编的《中国史稿》第二册"秦末社会矛盾的激化"章节中就这个观点指出："赵高原是赵国远支宗室的后代，因其父犯罪被处宫刑，当了宦官……骗取了秦始皇的信任。"其实这种看法没能很好理解《史记》中所说的"生隐宫"。在今本《史记》三家注中有一段"索引"的记载说"盖其父犯宫刑"，指出并非是赵翼认为的"自宫以进"，以苦肉计进行报仇。另外，还有一种较新鲜的说法，认为赵高不是"宫人"，因为京剧传统剧目《宇宙锋》中有赵高逼自己的女儿嫁给二世这一出。

因此，有人认为赵翼的观点本意只不过是为了故作惊人之论，因为今本《史记》三家注中"索引"部分，并无这种内容。就算赵翼真见了什么"孤本秘籍"，此说也很难令人信服，因为这说法和《史记》原文大相径庭，而"索引"是唐人司马贞所作，其史料价值不能与《史记》并论。《史记·蒙恬列传》原文说赵高为"诸赵疏远属也"，并不是"赵诸公子"。因为"诸赵"一语，犹《史记》、《汉书》中常用"诸吕"、"诸窦"，"赵"乃姓氏，并非国名。而"诸赵"实际上指的是秦国王室。《史记》中记载得很明确："太史公曰：'秦之先为嬴姓……然秦以其先造父封赵城，为赵氏。'"《史记·秦始皇本纪》也指出："秦始皇及生，名为政，姓赵氏。"可见，所谓"诸赵疏远属也"乃指赵高是秦王室宗室，因而所谓"赵高乃赵诸公子，痛其国为秦所灭，誓欲报仇"之说是不能成立的。

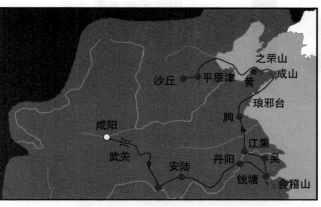

秦始皇出巡路线图

公元前210年，秦始皇出巡楚、越、吴、齐和燕国旧地，在途中患重病，死在沙丘平台（今河北广宗西北）。赵高威胁利诱丞相李斯，拥立胡亥为帝，杀公子扶苏及蒙氏兄弟，史称"沙丘之变"。

综上所述，赵高并非"痛其国为秦所灭，誓欲报仇"而乱秦政。事实上，赵高乱秦政的故事，只能供参考。如前秦王嘉（一说梁萧绮）撰《拾遗记》中记载一则故事说："秦王子婴立，凡百日，郎中令赵高谋杀之。"秦始皇的鬼魂在梦中对子婴说："余是天使也，以沙丘来。天下将乱，当有同姓欲相诛暴。"子婴因此"囚高于咸阳狱"。这故事以天道轮回为凭，胡编乱造，当然令人难以相信。

其实，就算赵高是赵国公子，他曾为"宫人"，他与秦二世胡亥加紧盘剥百姓，又任意诛灭异己，滥用刑戮，使社会矛盾迅速激化起来，将建立不久的秦王朝推向崩溃的边缘，这一重罪也令他难辞其咎。在这种形式下，只要有星星之火，就会形成燎原之势，曾经显赫一时的秦王朝就这样被陈胜、吴广领导的农民起义以排山倒海之势、雷霆万钧之力推翻了。

秦始皇陵外景

中国历史未解之谜

项羽不肯过江东之谜

项羽像

"生当作人杰，死亦为鬼雄。至今思项羽，不肯过江东。"这是著名女词人李清照的名作。项羽是秦末农民起义军的领袖，为人刚愎自用，独断专行，因而在楚汉之争中落败，最终落得个自刎乌江的下场。项羽为何不渡乌江呢？两千多年来，人们有种种说法。

有一种

观点认为，西楚霸王不过江东，是因为虞姬已死。

项羽的死与虞姬的死有必然联系吗？两者之间有联系，有学者就认为项羽因"虞姬死而子弟散"心生羞愧，因而不肯过江，拔剑自刎。这样说很有道理，单纯说项羽不肯过江东是因为虞姬之死就显得论据不足。而这与《史记》上说的"项王笑曰：'天之亡我，我以何渡为！且籍与江东子为八千人渡江而西，今天一人还，纵江东父兄怜而王我，我何面目见之？纵彼不言，籍独不愧于心乎？'"这段话一致。"子弟散"，一方面符合他说的"天之亡我"，一方面也是"无颜见江东父老"的原因。项羽即便过江，败局已定。因而，他选择了不渡乌江。

但有的学者提出，自固陵战败后，项羽连连败退，退到垓下，垓下突围又逃往东南，一直逃至乌江边。由此可见，他早有退守江东之意，并且是一路逃奔。如果说项羽因失

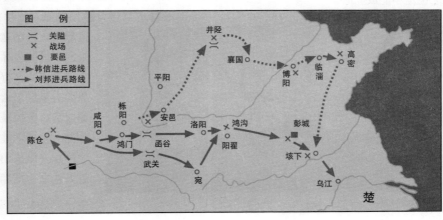

楚汉相争示意图

图　例

〉〈 关隘
✕ 战场
■ 要邑
▶ 韩信进兵路线
→ 刘邦进兵路线

井陉
襄国
平阳
临淄　高密
博阳
栎阳
咸阳
安邑
鸿门　洛阳　鸿沟　彭城
陈仓　函谷　阳翟　垓下
武关
宛
乌江
楚

败使江东八千子弟葬送性命而愧对江东父老的话，垓下被围时，"虞姬死而子弟散"，他就应羞愧自杀。渡淮之后从骑仅百余人，至阴陵又迷了路，问一农夫，结果被骗，身陷天泽，被汉军追上。如此狼狈的境遇他也没有羞愧自杀呢！逃至东城，汉骑将之包围数重。尽管他"自度不得脱"，但还是把仅剩的二十八骑组织起来作了一番拼杀，又"亡其两骑"。这时候项羽仍"欲东渡乌江"。因而认为他好不容易逃到乌江岸边时却反而感到羞见江东父老而自杀似乎有些说不通。项羽的羞愧之心来得太突然，也不合情理，很可能是司马迁为使情节完整而下笔渲染的情节。

霸王别姬图

有人认为项羽不渡乌江是出于一种高贵的品质，是从早日消除人民的战争苦难考虑的。认为项羽认识到了长期内战使人民痛苦不堪，希望这场战争尽早结束。项羽确实曾有结束战争的愿望，也曾想过通过他与刘邦的个人决斗来将战争结束，他觉察到"楚国久相持不决"，"丁壮苦军旅，老弱罢鞍漕"，所以对刘邦说："天下匈奴长岁者，徒以吾两人耳，愿与汉王挑战决雌雄，毋徒苦天下之民父子为也。"最后他甚至不惜违背自己个性，想要牺牲自己的利益通过和谈换取刘邦的让步，以鸿沟为分界。但是刘邦却违约出兵追杀楚军。当项羽失利并且认识到自己无法立即消灭刘邦而又无法谈和的情况下，项羽只有牺牲自己以结束数年的残杀。据说，项羽当时还是有可能与刘邦抗衡的。

"汉并天下"瓦当 西汉
为汉高祖初建天下时所造。

项羽为何乌江不渡？两千多年来，无论是文人骚客，还是历史学家都给予极大的关注，但至今难有定论。

广武涧
曾是刘邦与项羽争霸对峙的地方

中国历史未解之谜

"三请诸葛亮"是真是假？

成就帝业的故事，将刘备的礼贤下士的态度写得栩栩如生，把刘备对诸葛亮的敬仰之情，关羽、张飞的居功自傲描绘得惟妙惟肖，入木三分，这段"三顾茅庐"的故事，是罗贯中根据陈寿《三国志·诸葛亮传》中的记载，加以艺术构思而创作的。但刘备为请诸葛亮出山究竟是不是"三顾茅庐"？学术界各有说法。

《三国演义》中关于这第一次见面的记载是：刘备带领军队驻扎新野时，徐庶对刘备说："诸葛孔明者，卧龙也，将军愿见他吗？"刘备说："你带他一起来吧。"徐庶说："可以主动登门去见此人，但不能让他来拜见您。"可见，刘备亲自到诸葛亮那里去请求拜见、赐教。共三次前往，才得以相见。但没有写关公、张飞同往，也没有说明是在茅庐中相见。

诸葛亮像

"三顾茅庐"这个成语典故的出处妇孺皆知。我国古代四大名著之一《三国演义》写刘备"三顾茅庐"聘请诸葛亮出山辅助他

诸葛亮自己写的《出师表》中也说："先帝不以臣卑鄙，猥自枉屈，三顾臣于草庐之中……"这几句话，证据确凿。陈寿在《三国志》中写到了《隆中对》，对刘备三次往访以及诸葛亮论天下形势的内容记载得更为详细。刘备"三顾茅庐"一直被当作礼贤下士、重视人才的典范。刘备当时困难重重，急需人才，从情

古隆中三顾堂
坐落于今湖北襄樊

理上看，"三顾茅庐"是极有可能的，所以历代没有人对此事的真实性有过怀疑。

但现在有人提出另一种说法，认为"三顾茅庐"的记载难以令人相信。诸葛亮是位胸有宏图之士，刘备请他出山，当然正合其意，他岂能大摆架子，而不抓住这个可能失去的机会？当时的诸葛亮只有27岁，刘备则是个有声望的政治家，对诸葛亮怎能那样低声下气地苦求？虽然前一种说法中以《隆中对》作为证据，但当时，曹操几十万南征大军正威胁着刘备，《隆中对》不提这个紧迫的现实问题，是不合乎情理的。同时，刘备第一次见诸葛亮，不会安排现场记录。所谓《隆中对》，很有可能是后人附会《出师表》而杜撰的。据此，"三顾茅庐"之说就不可信了。

三国人鱼豢写的《魏略》中，也提到了刘、诸葛二人第一次相见的情景。《魏略》中说刘备屯兵于樊城时，曹操方已统一黄河以北，诸葛亮预见曹操马上就要对荆州发动进攻。荆州刘表性情懦弱，不晓军事，难以抵抗。诸葛亮于是北行见刘备。刘备因为诸葛亮年纪小，根本不重视他。诸葛亮通过谈论对当今政局的对策，才使刘备逐渐信任他。最后，刘备才"以上客礼之"。西晋司马彪《九州春秋》的记载也大同小异。

从诸葛亮本身的积极进取的态度来看，《魏略》、《九州春秋》的记载也有一定的可信度。

有人则调和了这两种说法之间的冲突，认为"三顾茅庐"与诸葛亮的樊城自请相见都是真实可信的。清代学者洪颐煊在《诸史考异》中说诸葛亮初见刘备于樊城，刘备虽以上客待之，但没有特别器重他。等到徐庶举荐时，刘备再次相见，才逐渐有了很深的

三顾茅庐图

前出师表 明 宋濂

此帖用笔老辣，行气连贯，书卷气跃然纸上。一代学儒宋濂对诸葛武侯的敬仰之情辉映字间。

感情。并指出：在建安十二年初见，再次相见是在建安十三年。诸葛亮后来非常感激，因而记入了《出师表》中。

诸葛亮与刘备究竟是"一见"，是"再见"，还是"三见"，这只有当事人知道了，然而，"三请诸葛亮"的故事却流传了下来，吸引了无数人。

中国历史未解之谜

曹操为何至死不称帝？

曹操像

"往事越千年，魏武挥鞭，东临碣石有遗篇"，曹操是毛泽东笔下的风流人物。看一下曹操的一生，不管他自己怎么说，他是由不自觉到自觉地在一条通向帝王的道路上一步步前进着。如果说建安元年（公元196年）前曹操在这方面的努力还只是一种不动声色的铺垫，那么从建安元年起，他就开始在这方面迈出了坚实有力的步伐。建安元年八月，曹操亲至洛阳朝见汉献帝。随即挟持汉献帝迁都许昌。将献帝变成了自己手中的一个傀儡和一张王牌，取得了"挟

天子以令诸侯"的优势。献帝任命曹操为大将军，封武平侯，后来因为袁绍不满，曹操才将大将军的职位让给袁绍，自己改任司空，兼车骑将军，并从此开始主持朝政。

随着实力的增强，曹操对于朝政的控制也越来越严密，献帝的傀儡化程度也就越来越深了。

建安二十二年（公元217年）四月，献帝诏令曹操设置只有天子才可使用的旌旗，外出时像皇帝那样，左右严密警戒，不让行人通行。五月，曹操修建了诸侯有权享受的学宫泮宫。六月，曹操任命军师华歆为御史大夫。十月，献帝诏令曹操像天子那样头戴悬垂有十二根玉串的礼帽，乘坐专门的金银车，套六马。同时，封长子五官中郎将曹丕为魏国太子。

就这样，曹操完成了夺取帝位和世袭权力的所有准备，在通向帝王的道路上，几乎已经走到了终点。曹操不但早已在事实上控

曹操逼宫年画

制了朝廷的一切大权，使自己成了一个实际上的皇帝，而且在形式上，他也同皇帝没有什么两样了。曹操唯一没到手的，只不过是一个皇帝的名号而已。

事实上，曹操的代汉意图早就昭然若揭，但至死他也没有迈出最后的一步。他要把这最后一步让给自己的儿子完成。曹操为什么自己不称帝呢？主要考虑到以下几个方面：

其一，孙权劝他称帝是从自己的利益出发的。首先，孙权认为这样做可以获得曹操的信任，从而实现吴、魏之间的和解，自己就可以专心对付蜀汉。襄樊之役中，孙权为了从刘备手中夺回荆州，从背后袭击关羽，帮了曹操的大忙，但却得罪了刘备。吴、蜀之间长达十年的联盟关系就此结束，这时他比什么时候都更需要缓和同曹魏的矛盾，否则会陷入腹背受敌的不利境地。其实，孙权

认为曹操如果真的称帝，拥汉派将会强烈反对，曹操因此陷入困境，减轻对吴国的威胁。因此，孙权阳奉阴违，曹操看穿了孙权的意图，不肯轻易上当。

其二，从当时形势看，如果贸然称帝，确实会给政敌和拥汉派势力一个舆论上的借口，使自己在政治上陷入被动。综观曹操的一生，内部的反对和反叛大都发生在他被封为魏公、魏王之后，就是最好的证明。因此，继续维持献帝这块招牌，对于安抚拥汉派，巩固内部，仍有不可忽视的作用。

其三，至少从建安十五年（公元210年）起，曹操一再"自明本志"，说自己绝对没有代汉自立的意图，言辞恳切，说了差不多十年，现在如果突然改变主意，否定自己，对自己的声誉名节必然会造成不利影响，不如坚持把戏演下去。

其四，更重要的是，曹操是一个讲求实际的人，只要掌握了实权，虚名并不重要，"施于有政，是亦为政"一语，是他内心想法的真实写照。

此外，建安二十四年（公元219年）曹操已65岁，年纪大了，估计自己将不久于人世了，这也可能是他不愿称帝的一个原因。

总之，曹操不当皇帝，是从策略上全面权衡得失后所作出的决定，是一种周密而明智的谋虑。曹操自比"三分天下有其二"的周文王，是对自己的自我评定。

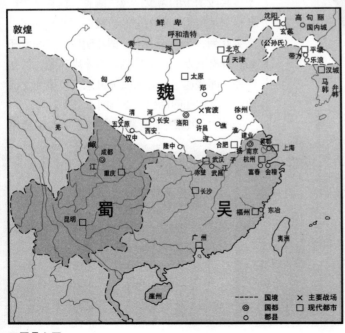

三国鼎立图

中国历史未解之谜

诸葛亮娶丑女为妻探秘

诸葛亮像

诸葛亮的名字家喻户晓，成为智慧忠贤的化身，他辅佐刘备共图大业，最终使蜀汉政权成了三国鼎立的一极。他的一生，奇闻轶事很多，"孔明择妇"便是其中之一。

诸葛亮不仅有才，而且相貌俊伟，据《三国志·诸葛亮传》记载，诸葛亮"身高八尺，犹如松柏"。但他却选了一位"瘦黑矮小，一头黄发"的丑女阿丑为妻，诸葛亮为何要娶丑女呢？传统观点认为，诸葛亮重才不重貌，是注重人的内在美。阿丑自幼才识过人，颇有心计，诸葛亮早在成婚前就有所耳闻。这不无道理，但并非全部。其实，诸葛亮娶阿丑，是出于一种政治上的考虑。《三国志·诸葛亮传》裴松之注所引《襄阳记》记载："黄承彦者，高爽开列，为河南名士。谓孔明曰：'闻君择妇，身有丑女，黄头黑色，而才堪匹配。'孔明许，即载送之。时人以为笑乐，乡里为之谚曰：'莫作孔明择妇，正得阿承丑女。'"

另一种说法是诸葛亮家境贫寒，出身卑

前后出师表（局部）

古隆中牌坊

微，自幼丧父，少年时代便过着流离转徙的生活，吃尽军阀混战的苦头，深受强宗豪族的压迫。后来跟着在南昌做豫章太守的叔父诸葛玄生活。14岁时，叔父因官被削而投靠了刘表；17岁那年，叔父死了，他从此没了依靠，就在襄阳城西20里的隆中定居。他虽然住在乡下，但他不想无声无息地隐居一辈子，他时刻关心着国家的盛衰，有着为国家尽忠的抱负，怀着如此壮志雄心，他立志要登上政治舞台而建功立业。

这种政治上的考虑无疑会影响到诸葛亮的婚姻大事，甚至还牵涉到了家人的婚事。这也是为在地主集团的上层站稳脚跟，以便今后一展宏图。为此，他在家庭婚姻方面，做了三件事：第一，他把姐姐嫁给了荆州地主集团中在襄阳地区颇有名望的首领人物庞德公的儿子，庞德公对其赏识备至，称他为"卧龙"，从此，他就在荆州站稳了脚跟。第二，诸葛亮为弟弟娶了荆州地主集团中在南阳地区数得着的人物林氏之女为妻。第

三，也是最重要的，他自己择妇结亲，当然要服从既留荆州又能结交望族这一政治目的，这也就是诸葛亮在荆州而不到其他地方去的原因。所以，诸葛亮娶了那个丑女黄氏。

诸葛亮为何不怕众人耻笑，而娶丑女黄氏呢？换作别人也许他会犹豫，但是黄氏之女他就娶定了，一是因为黄承彦在当地有相当声望，二是因为黄妻蔡氏和刘表的后妻是姐妹关系，做了黄家的女婿，就攀上了刘表这门皇亲。

据《诸葛亮新传》记载：当黄承彦当面问及诸葛亮时，他当即"拜谢泰山"，一锤定音，把从未见过面的阿丑要了过来，从而为诸葛亮进入地主集团开了"绿灯"，他是无论如何也不会放弃这个"进身之阶"的。

从封建历史文化来说，贤妻、美妻、正妻要相夫教子，帮助丈夫治理家业，诸葛亮深受传统文化的熏陶，在自己的婚姻上，自然遵循"贤妻美妻"的风俗，而据《三国志》记载，诸葛亮其后确实又要过一妾。但诸葛亮要丑妇的动机仍有争论，待后人再研究探寻吧。

诸葛武侯高卧图 明

诸葛亮在《出师表》中说："臣本布衣，躬耕于南阳，苟全性命于乱世，不求闻达于诸侯。"回忆当时高卧于南阳的情景。至今，河南南阳诸葛亮故居仍称为卧龙岗。此图即绘诸葛武侯高卧时的悠闲神态。

中国历史未解之谜

"金匮之盟"之谜

宋太宗赵光义像

宋太祖赵匡胤驾崩后,皇位由其弟赵光义继承,正史认为光义乃合法继位,是奉太后"金匮遗诏"之命行事。但后来有人对"金匮之盟"一事提出质疑,使得这一事件变得扑朔迷离。

《宋史》有好几处提到"金匮之盟"事,《杜太后传》里面记叙:"建隆三年(公元961年),太后病,太祖始终在旁服侍不离左右。太后自知命已不长,召宰相赵普入宫。太后问太祖:'你知道怎样得天下的吗?'太祖曰:'我所以得天下者,皆祖先及太后之积庆也。'太后曰:'不然,正由周世宗使幼儿统治天下耳。假如周氏有长君,天下岂为汝所拥有乎?汝死后当传位于汝弟。四海至广,能立

长君,国家之福也。'太祖顿首泣道:'敢不如教诲!'太后转过身对赵普说:'尔同记吾言,不可违背也。'赵普于床前写成誓书,普于纸尾写'臣普书'。藏在金匮(同柜),命谨慎小心的宫人掌之。"

在司马光《涑水纪闻》、李焘《续资治通鉴长编》等史著中也有大致相同的记载。历史上人们虽然相信有所谓的"金匮之盟",但却找不到盟约的原文。一千多年来,没有人怀疑"金匮之盟"的真实性,这一盟约就成了宋太祖坦荡无私的例证。直到清代,古文学家恽敬对盟约内容提出疑问。

21世纪40年代初张荫麟曾作《宋太宗继统考实》,后收入《张荫麟先生文集》,认为"金匮之盟"是赵普伪造的,全盘否定此事。除此之外,邓广铭、吴天墀、李裕民、顾吉辰、王瑞来等学者也持同种观点,怀疑它的真实性或断定"金匮之盟"的伪造性。其理由大致如张荫麟所言,建隆二年(公元961年)杜太后病重时,宋太祖只有34岁,正值年轻力壮之时,赵光义才23岁,而太祖长子德昭也已经14岁。当时太祖身体健康,没有短寿夭折之象,即使太祖只能再活20年,那时,长子德昭已30多岁,怎么会有幼主之说?杜太后凭什么猜测太祖早死、幼子继位,而宋朝重蹈五代的覆辙呢?实在没有道理!如果确如太后所预料宋太祖中年夭折,人们还可以推测,也许杜太后凭经验或灵感有超前的洞察力,尚可勉强解释。但是,太祖活了50来岁,并没有早逝而面临幼子主政。如

赵匡胤的母亲宋宣祖后像

雪夜访赵普 明
此画描绘的是宋太祖雪夜私访宰相赵普，商议统一大计的故事。

果真有遗诏，太祖临终前应该命人打开金匮，就算是突然死亡，皇后也应该知道此事，掌管金匮的宫人同样也知道此事，为什么要等到太祖死后六年才由赵普揭露出来呢？即使公布遗诏，赵光义应该把全文都公布出来，因为这是他继位合法有力证据，而留下来的却仅是一个大概的内容，而且内容还不完全一致。更何况，太祖并未遵守遗诏办事，传位给他的弟弟，而是传位给他自己的儿子。

但对"金匮之盟"持肯定观点的学者们提出了相反的证据。关于立此盟约的条件，持肯定论者认为它符合常理。杜太后亲身经历过五代，这是一个王朝更替频繁的特殊时期，五代君主十三人，在位超过十年绝无仅有，有七人死于非命，杜太后凭什么否认宋太祖可以摆脱"宿命"，而不像周世宗英年早逝、最终幼主执政失国而终呢？杜太后在赵匡胤刚当上皇帝说出了"吾闻'为君难'，天子置身兆庶之上，若治得其道，则此位可尊，苟或失驭，求为匹夫不可得，是吾所以忧也"

这一段话。杜太后认为刚刚建国，根基未稳，随时有可能成为短命的"第六代"。尽管当时太祖正值壮年，但政治变化无常，哪里知道宋太祖不会暴死？哪里知道宋太祖不会被人杀掉？假如真的发生了，十多岁的德昭显然是不足以应付。而拥有丰富政治经验的赵光义，应是理想的继承人。

"金匮之盟"疑案属于皇家禁宫疑案，否定也好，肯定也好，都是根据当时历史事实、政治背景所作出的判断。比较双方的观点，其资料和解释、推断均偏向于对己方所持观点有利的一边，因此越争论疑点越多。

中国历史未解之谜

秦桧私通金国之谜

双面陶俑 宋
秦桧是历史上有名的奸臣，通敌卖国，一面对着南宋朝廷，一面对着金国，好像一个双面人一样。

秦桧（公元 1090 ～ 1155 年），字会之，是中国历史上有名的一代汉奸。南宋时期，他把持朝政，通敌叛国，残害忠良。尤其可鄙的是他以"莫须有"的罪名杀害了抗金名将岳飞，留下了千古骂名。他将永远被钉在历史的耻辱柱上，遗臭万年。

秦桧是何时沦为金国的奸细的？据推测，靖康元年（公元 1126 年），他为金人掳获后，由囚徒沦为了内奸。秦桧在金的所作所为，今已无处可查。但是关于秦桧的南归，颇能说明问题。他自己说是"杀监己者奔舟而归"，对此当时人就很怀疑，但因有宰相范宗尹、知枢密院事李回的极力保荐，所以才被高宗

接纳，最终令高宗对他深信不疑，并委以重任。绍兴初做过宰相的朱胜非在《秀水闲居录》中说："秦桧随敌北去，为大帅达赉（又名达赖、达兰，即完颜昌）任用，至是与其家得归。桧，王氏婿也。王仲山有别业在济南，金为取千缗其行，然全家来归，婢仆亦无损，人知其非逃归也。"另外有记载说，秦桧在金朝献和议书，当时金统治者赐他钱万贯、绢万匹。建炎四年，金朝攻楚州，秦桧竟然被允许用船将全家带回，不是奸细，能得金

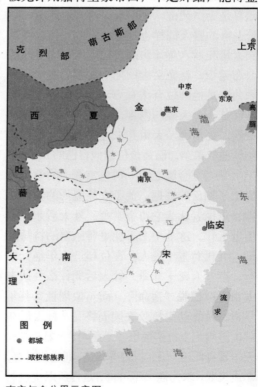

南宋与金分界示意图

杭州岳王庙秦桧夫妇跪像

人如此恩宠？实情是，建炎三年，金兵南侵时，秦桧作为金太宗之弟挞懒的随军转运使同行。临行前，秦桧欲携其妻王氏南下，又恐挞懒不允，于是假装争吵，并故意让挞懒知晓，终于获准。而秦桧此番南下的重要任务就是诱使宋朝与金达成和议。

从金人那里也能找到秦桧投降金人的确凿证据。宋嘉定七年（金贞 二年），金宣宗为避蒙古的兵锋，迁都于南京（汴京），著作郎张师颜在《南迁录》中记载过此事，其中两处提及秦桧。一次是讨论是否迁都，直学士院孙大鼎在讲到迁都的必要性时说："天会八年（宋建炎四年）冬，诸大臣会于黑龙江之柳（御？）林，陈王兀室忧宋氏之再隆，其臣如张浚、赵鼎则志在复仇，韩世忠、吴则习知兵事，既不可以威服，复构怨之已深，势难先屈，欲诱以从，则阴纵秦桧以归。一如忠献之所料，及诛废其喜事贪功之将相，始定南疆北界之区划，然后方成和议，确定誓书，凡山东、淮北之民多流寓于江南，及杜充、张忠彦之家属悉令发还，盖惧在南或思归南，鼓煽摇惑，易以生隙，务令断绝，始无后患。"

还有一次在蒙古军攻陷复州、顺州时，被俘的金同知县赵子寅、督运天使张元应二人得以逃脱，他们回来后建议遣使向蒙古乞和，金宣宗下旨封赵子寅为直昭文馆，张元应为总天马飞龙十七监。权给事中兼知制诰孙大鼎封还录黄，奏曰："多事之世，士无常守，外顺内逆，惟利所在。子寅、元应之归，朝廷以其言遣使，遂以为诚，臣深疑之。自天统之中，至今三十年，北兵陷执官吏不知其几多，不知其存亡，传闻戮辱囚苦，皆是求死。独此二人忽然逃归，情态张皇，气貌不改，恐未必非敌之间。古事臣不必言，谨按国史，天会八年冬，诸大臣虑南宋君臣之刻苦于复仇，思有以止之，而势难于自屈。鲁王曰：'惟遣彼臣先归，因示空（恐）胁而使其臣顺。遵之，我佯不从，而勉强以听，感可以定。'忠献曰：'我军初到太原，孝纯见霍安国之使，使来迎降。即得太原，一鼓渡河。取洛阳。围大梁，皆由先取河东，彼此谁不怒之，仇之，如何得位得志？此事在我心中三年矣，只有一秦桧可用。桧初来说赵臣得人心，必将有所推立；不及半年，其言皆验。我喜其人，置之军中，试之以事，外拒而中委曲顺从。间语以利害，而桧始言南自南，北自北。'"

上奏中的"只有一秦桧可用"、"而桧始言南自南，北自北"表明秦桧已死心塌地投降金朝了。

秦桧回到宋朝之后，由于得到高宗的宠信而官运亨通，直至占据宰相的高位。自此，秦桧独揽朝中大权，积极从事投降叛国活动。绍兴八年，他代表高宗拜受金朝诏书，接受"和议"，而后为了讨好金人，又以"谋反"之罪杀害了力主抗金的爱国将领岳飞。绍兴二十五年（公元 1155 年）十月，中国历史上臭名昭著的大汉奸秦桧病死临安，谥号"缪丑"。他的卖国行径使他成为千古罪人，为后人所唾弃。

中国历史未解之谜

民族英雄岳飞死因探秘

岳飞塑像

岳飞（公元1103～1142年），字鹏举，相州汤阴人，出身贫苦农民之家。联金灭辽时应募从军，曾在张所部任统制，并与王彦一起抗金。后随宗泽守东京，任都统。宗泽死后，他投身张浚部，并逐渐成为南宋重要的抗金将领，立下赫赫战功。建炎四年，收复建康（今江苏南京）；绍兴四年，大败刘豫齐军，收复襄阳等六郡，封清远军节度使，后封为武昌开国侯，联络两河义军，部署北伐。绍兴八年底，他反对高宗与秦桧的议和，并上表提出"金人不可信，和好不可恃"。绍兴十年，郾城一战，大败兀术统率的金兵主力，收复颍昌、郑州、洛阳等重镇。在抗击金兵的战斗中，岳飞率领的"岳家军"常常以一当十，勇往直前，声威大震，甚至金军中都

流传着"撼山易，撼岳家军难"的悲叹。可是，就在收复中原即将实现的大好形势下，宋高宗赵构却连发十二道金牌，下令收兵。岳飞挥泪含恨退兵，不久以"莫须有"的罪名和他的儿子岳云及部将张宪被毒死于"风波亭"。

直到孝宗即位，冤案平反，岳飞墓才迁至景色秀丽的栖霞岭下。岳飞墓前，铸有两个跪着的铁人，即当时南宋的宰相秦桧夫妇。几百年来，到此悼念岳飞的人们都要唾骂奸臣秦桧。岳飞为秦桧所害，这似乎已成为不容置疑的铁案。

但是，事实上杀害岳飞的元凶并不是秦桧，秦桧只不过是这个元凶手下的一个鹰犬！

第一，秦桧没有杀岳飞的权力。有人指出，当时秦桧虽然很受高宗的信任，但还没到摆布高宗地步，因此也不能为所欲为地恣

宋高宗像

意铲除异己。绍兴九年，秦桧正积极对金议和，枢密院编修官胡铨上书反对，并请求皇帝"斩秦桧之头挂诸街衢"。秦桧对此人恨之入骨，但也不敢任意杀害他。由此可知，对战功赫赫的岳飞，他更不可能擅自处置了。

第二年，金兵违背和议，一举攻占了河南地区，秦桧惶惶不可终日，生怕高宗因此迁怒于自己的议和政策，他此时惶恐不安，正是自保不足的时候，因此，他没胆子背着高宗杀害岳飞。需要说明的是，岳飞的狱案又称作"诏狱"，程序严密，外人无法插手。这样，即便秦桧权力再大，公开"矫诏"杀人也是不合情理的。

第二，秦桧及刑部主审岳飞一案，曾上书定岳飞、张宪死罪，但并没有定岳云死罪。可上书赵构后，岳云也没能幸免于难。由此可见生杀大权还是在高宗之手。

第三，秦桧死后，赵构为秦桧制造的许多冤假错案平了反，但唯独对岳飞一案不肯昭雪。而且对许多大臣申请为岳飞平反的奏折不予理睬。

这一切都足以证明，赵构才是杀害岳飞的元凶。

赵构出于什么原因要害死自己倚为军事支柱的岳飞呢？而且宋太祖赵匡胤曾传下秘密誓约，规定后世子孙"不得杀士大夫及上书言事人"，"子孙有逾此誓者，天必殛之"。在北宋历朝，这条誓约执行得非常严格，赵构为何敢违约破例？这在认为赵构是杀害岳飞元凶的学者中存在着争议。

有的学者认为"帝之忌兄，而不欲其归"。高宗眼见岳飞一心要"迎二圣"，而徽、钦两帝一旦回来，自己的皇位就不保了。他害怕中原光复，因而杀了岳飞。

另一部分学者则认为并不是"迎二圣"。赵构杀岳飞，主要原因是怕他在外久握重兵，跋扈难制，危及自己的统治，对武将的猜忌和防范，是赵宋王朝恪守不渝的家规。只要武将功大，官高而权重，就意味着对皇权构成威胁。岳飞个性刚强，"忠愤激烈，议论不挫于人"，不容易与人合作，绍兴七年（公元1137年），他上书奏请高宗立储："乞皇子出阁，以定臣心。"同年，他又因守母丧，未经高宗批准便自行解职，把兵权交给张宪。这两件事犯了高宗的大忌。再加上高宗曾在金营作人质，又有从扬州南渡等惊险经历，对金兵始终心存恐惧。对战争前景，他既怕全胜，又怕大败。胜则怕武将兵多，功高而权重，败则怕欲为临安布衣而不能。他想当个安安稳稳的太平皇帝，因此一心求和。所以，秦桧利用岳飞部下的告密来证明岳飞的跋扈，正好迎合了赵构害怕岳飞立盖世之功、挟震主之威的心理，加上岳飞又是反对和议最强烈的主战派，故而下令杀了岳飞。

岳王庙

位于今浙江杭州，这里原有岳飞的墓，后来增建了岳王庙，庙内大殿的壁上有"精忠报国"四个大字，是岳飞的母亲自小对他的教诲。

中国历史未解之谜

郑和七下西洋之谜

郑和像

郑和本姓马，小字三宝，云南昆阳人，出生于世代信奉伊斯兰教的回族家庭。郑和长相魁梧，博辩机智，"资貌才智，内侍中无与比者"，深得明成祖朱棣的信赖，是成祖的心腹。"郑和下西洋"的壮举使郑和成了家喻户晓的人物。从永乐三年（公元1405年）至宣德八年（公元1433年），他受明成祖的派遣，率领规模庞大的船队驰骋万里海域，先后七次下西洋。郑和航海规模之大，航程之远，所到国家之多，为历史所罕见。对于郑和下西洋的目的，学术界有不同的看法。

有人认为，郑和下西洋是为寻找下落不明的建文帝。《明史·郑和传》载："成祖疑惠帝亡海外，欲踪迹之，且欲耀兵异域，

郑和下西洋海船复原图
郑和船队最大的海船长44丈4尺，宽18丈，立9桅，挂12帆，是当时世界上最大的木帆船。短宽船型的设计，体现了先进的造船技术，行驶起来平稳安全。船队航行中兼用天文与水罗盘导航。

示中国富强。"从中可知，《明史》的作者将到海外暗中侦察建文帝的踪迹看作是郑和下西洋的动机和目的；而沿途宣扬国威，向外示富，只是个辅助的方面。文中所说的惠帝即明成祖朱棣的侄儿建文帝朱允炆。建文帝刚坐上皇帝宝座时，由于各诸侯掌握兵权，而自己无实权，便想尽一切办法削弱他们的力量。燕王朱棣当时公开反叛，以"清君侧"为理由武力夺取皇位，号称"靖难"。靖难之役后，建文帝朱允炆便不知所终，这"活不见人，死不见尸"的建文帝始终是朱棣的一块心病。为了长治久安，防止建文帝东山再起，威胁自己的统治地位，朱棣便一次又一次地派遣郑和出使西洋，寻找建文帝的踪

迹。这是《明史》的叙述，自此以后，编写历史的人大部分归因于此，连历史也按此说法。如范文澜的《中国通史简编》曾明确指出郑和下西洋是假，寻惠帝是真。

也有人认为，郑和下西洋是具有政治和经济的"双重目的"。近人梁启超据"且欲耀兵异域，示中国富强"一语，在其《祖国大航海家——郑和传》中说明成祖野心勃勃，利用郑和下西洋扬名海外，其实只不过是"自我陶醉"罢了。李长傅的《中国殖民史》，称朱棣派遣郑和下西洋称为"炫耀自我"。

还有人说，郑和七下西洋，每次出航，明成祖交给他的任务都是不相同的。尚钺的《中国历史钢要》认为，15世纪，帖木儿帝国出现于中西亚，永乐二年（公元1404年）十一月，帖木儿带领千军万马侵犯明朝，但于永乐三年（公元1405年）二月亡于路上，所以同年六月成祖派郑和远渡重洋，可能是为了联络外邦共同对付帖木儿帝国，使它没有时间入犯，后六次则是为了开辟一条新航海路线，以便容易地与国外进行贸易。李光璧的《明朝史略》赞成郑和后六次的使命如尚钺所述，同时又指出郑和首次西下则带有扩大贸易、提高"威望"、联络印度等国的三重任务。郑鹤声、郑一均在《郑和下西洋简论》中认为，郑和前三次下西洋，其目的是同亚非三十多个国家结盟，顺便打听朱允炆的下落，后四次则是为宣扬"国威"。

每派所述，都有一定道理，到底哪种说法才是当时明成祖派郑和西下的真正目的呢？这就不得而知了。

印尼爪哇岛三宝庙
此庙是印尼华人为纪念郑和下西洋而建的。

◆中国历史未解之谜

中国历史未解之谜

明"红丸案"幕后主使是谁？

明光宗像

玄谷帝君道宝　明

明朝后期的皇帝，大多宠信道教。喜欢与道士往来并服食丹药，李可灼向明光宗所进丹药就是由道士们炼制的。

　　明代末年，宫廷接连发生离奇的三大案与神宗、光宗、熹宗祖孙三人密切相关，也和朝廷派系斗争紧紧纠缠在一起。三案成为明末政坛关键，各种势力纷纷介入，案件无法正常审理，因此变得扑朔迷离。著名的"红丸案"便是其中之一。泰昌元年（公元1620年）八月二十九日，在乾清宫，明光宗召见辅臣方从哲等13员文武大臣。诸臣向皇帝请安过后，皇帝开始询问册立皇太子之事。方从哲说："应当提前册立皇太子的日期，完成贺礼，皇上也就心安了。"光宗又让皇长子出来见大家，看着他对大家说："你们日后辅佐他，务必使他成为历史上尧舜那样的圣帝贤君，朕也就心安了。"方从哲等人还想说

什么，光宗却开始问道："寿宫（神祠墓地）修没修好？"辅臣回答说："先帝陵寝已经修好，请皇帝放心吧！"光宗指着自己说："那就是朕的寿宫吗？"方从哲等人齐声回答："祝皇帝万寿无疆。"皇上仍然叮咛不止，反反复复，语无伦次，最后上气不接下气地哭泣着说："朕已经自知病重，难以康复，或者不久于人世。"说到这里，已是气息奄奄，用颤抖的手勉强挥一下，让众臣退朝，方从哲留下。

　　皇上问方从哲道："有鸿胪寺官（掌礼仪之官）要进药吗？人在哪儿呀？"方从哲回答说："鸿胪寺丞李可灼，说有仙丹妙药，臣下不敢轻信。"皇上听后，命宫中侍人立即传唤李可灼到御前，给皇帝看病诊脉，等他谈到发病的原因以及医治的方法时，皇帝非常高兴，命令进药，让诸臣出去，并令李可灼和御医们研究如何用药，一直定不下来，

辅臣刘一燝说："我有两乡人同用此丸，一个失效，一个有效，此药并非十全十美。"礼部官员孙如游说："这药有用与否，关系极大，不可以轻举妄动。"没过多久，又有一位老奶妈来到御前，向皇帝问安。皇上催促众人配药，诸臣又回到御前，李可灼将药物调好，进到皇上面前，皇上从前喝汤都喘，现在服了李可灼的药，就不再气喘了。皇上反复地称道李可灼忠心可鉴。诸臣在宫门外等候。约一个时辰过后，有宫中内侍急报说："圣上服药后，四肢温暖，想进饮食。"诸臣欢呼雀跃，退出宫外。李可灼和御医们留在宫内。到了傍晚，方从哲放心不下，又到宫门候安，正遇见李可灼出来，急忙打听消息。李可灼回答说："服了红丸药，皇上感觉舒畅，又怕药力过劲，想要再给服一丸，如果效果好的话，圣体就能康复了。"诸医官认为不宜吃得太急。但皇上催促进药非常急迫，众人难违圣命。众臣即问服药后的效果如何？

李可灼说："圣躬服后，和前一粒感觉一样安稳舒适。"方从哲等人，才放心离开。谁曾想次日早晨，宫中紧急传出圣旨，召集群臣速进宫。一时间，各位大臣等慌忙起床，顾不上洗脸漱口，匆匆地穿上衣服，急奔宫内。但是当群臣将要跑入宫中时，就听传来一片悲哀哭号之声，明光宗于早晨归天了。这是大明泰昌元年（公元1620年）九月初一日。

对于这突如其来的变故，满朝舆论哗然，在感到惊愕的同时，人们联想到新皇帝登基一个月来的遭遇，不约而同地都把疑点转到了郑贵妃身上。郑贵妃给太子献美女，指使崔文升进药，大家有目共睹，但李可灼是否受她指使，却没有实据。本来，光宗当时已病入膏肓，难以治愈，但因为吃了江湖怪药，事情就变得不简单了。最后，此案不但追查到郑贵妃，而且方从哲也被迫辞职，李可灼被充军，崔文升被贬放南京。但究竟幕后有主使吗？到底是谁？现在也不得而知。

庆陵 明
庆陵是明光宗的陵墓

中国历史未解之谜

吴三桂降清疑点颇多

吴三桂像

明崇祯十七年（公元 1644 年）三月十九日，李自成率领的农民起义军攻陷了明朝统治下的北京，崇祯在煤山自缢，明山海关总兵吴三桂在增援途中闻讯后，仓皇逃回山海关。李自成亲率大军开赴山海关，想以武力逼降吴三桂，吴三桂非常害怕，便向清朝求援。

当李、吴两军在山海

山海关炮台

关前展开血战之时，清朝的精骑突然杀出，农民军毫无防备，惨败而归，从此一蹶不振。由于史书中的种种记载，史学界一直瞩目吴三桂引清军入关镇压农民起义这一事件，人们一直认为吴三桂此举便是投降了清朝。但近年有人认为，吴三桂引清军入关并不是表明他投降了清朝，并提出了种种证据。这一说法使似乎让本已盖棺定论的问题重又成为历史谜团。

至少还有两点理由可以说明吴三桂投降了清朝：第一，清朝最高统治者视吴三桂为降将，如清摄政王多尔衮就把吴三桂作为部下来驱使，"命三桂兵各白布系肩为号"，"命三桂军先锋"，又"命吴三桂以步骑二万前驱追贼"。清廷为了奖励吴三桂在战争中的功劳，还"授三桂平西王勒印"（《圣武记》）。后来清帝剥除吴三桂爵位时，也把他称为降将："逆贼吴三桂穷蹙来归，我世祖章皇帝念其输诚未投降，授之军旅。"（《清圣祖仁皇帝实录》）在清朝廷的眼中，吴三桂就是一个明朝降将。第二，吴三桂入关后的所作所为也表明他已真心降清，吴三桂打着为明王朝复仇的旗号引清入关，但是在南明政权的福王多次派人拉拢吴三桂时，吴三桂却断然拒绝。如当福王的侍郎左懋第"谒三桂，出银币且致福藩意"时，吴三桂说"时势如此，我何敢受赐，唯有闭门束甲以俟后命耳"（《明季稗史汇编》）。除了福王之外，还有几任南明王，吴三桂都不曾表示要协同反清复明，与此相反，他竟然亲自出兵缅甸追杀南明永历王。可以看出，不管当初引清兵入关时吴三桂是怎么想的，在清兵入关后，他就投降了清朝，此时，他已经不敢违抗清廷的命令，更不敢有任何反清复明的想法了。为了向清王朝表示他的忠心，他"破流贼，定陕，定川，定滇，取南明王于缅甸，又平水西土司安氏"（《圣武记》），俨然成为清廷平定天下的一把利刃。

否认吴三桂"降清"的人则认为，北京失守后，形成了三股较强的政治势力并存的局面，即吴三桂、农民军、清王朝。而夹在这两股势力中间的吴三桂势力最弱，因此他能走的路只有两条：要么抗清，要么镇压农民军，考虑到其父亲被农民军扣押、爱妾受辱，为报此仇，吴三桂选择了联合清朝的道路，但这并不能说他投降清朝。主要理由如下：

第一，吴三桂一贯抗清的态度决定了他不会轻易降清。在任辽东宁远总兵期间，吴三桂曾多次参加抗清斗争，甚至在明清松锦战役后，明军明显处于下风的情况下，他的态度仍很坚决。吴三桂对明朝降清的劝降函都"答书不从"。

第二，多尔衮在山海关战后加强了对吴三桂的控制可以证明吴三桂未降。史载，多尔衮在山海关之战胜利的当天，玩弄权术，封吴三桂为平西王，又将一万步兵交给吴三桂。这说明吴三桂受到了多尔衮的拉拢和控制。

第三，山海关战后发表的檄文证明其未降。清军与吴三桂乘胜追击，吴三桂提出了"周命未改，汉德可恩"、"试看赤县之归心，仍是朱家之正统"的口号，如吴三桂已降，也不会发布这样的檄文，清廷也不会允许他这样做。

多尔衮像

因吴三桂得名的"定辽大将军"铜炮

第四，在山海关一役后，在攻陷北京前后吴三桂欲立朱明太子的行动证明其未降。李自成败退永平，吴三桂提出"约自成回军，速离京城，吾将奉太子即位"，又"传帖至今，言义兵不日入城，凡我臣民为先帝服丧，整备迎候东宫"，可是"多尔衮命其西行追贼"的策略打乱了吴三桂的如意算盘。吴三桂因其势力太弱，只得听从了多尔衮。

第五，暗中积蓄实力以反清复明也可证明吴三桂未降。他一边广招贤才，暗布党羽，"阴养天下骁健，收忍荆楚奇才"，一边厉兵秣马，为将来的战争"殖货财"。他之所以没有实现反清复明的愿望，是因为清政治统治的日渐强大使"反清复明"的旗帜没有了号召力。而吴三桂是否降清这一历史问题已不能用后来的历史进程说明了。

中国历史未解之谜

民族英雄郑成功猝死之谜

郑成功像

郑成功是中国历史上家喻户晓的民族英雄，他骁勇善战，令殖民者闻之丧胆。但郑成功就在台湾收复后不久便去世了，年仅38岁。正值壮年，却突然暴病而亡。仔细推敲其死因，就会发现有许多疑点。

关于郑成功的死，同时代人如李光地、林时对、夏琳等人的笔记都很简单，一般是说"伤风寒"、"感冒风寒"，但一个正值壮年的人怎会轻易地被"风寒"夺去生命？

根据郑成功临终前的异常情况和当时郑氏集团内部斗争的背景，有人认为郑成功是被人投毒杀死的，这一说法目前最引人注目。此说主要的依据有：

第一，郑成功死前的情状与中毒后毒性发作的症状极似，另外，夏琳《闽海纪闻》中记载郑成功临终前都督洪秉诚调药以进，成功将药投之于地，然后成功"顿足扶膺，大呼而殂"。郑成功大概察觉出有人谋害自己，但为时已晚。

第二，郑氏集团内部暗藏着一些危险因素。生性暴烈的郑成功，用法严峻，郑氏部下，包括他的长辈亲族因过被处以极刑者很多，众将人心惶惶，其中很多人在清廷高官厚禄诱惑下叛逃，郑氏集团内部关系极其紧张。伍远贤所编《郑成功传说》一书中记述，清廷收买内奸刺杀郑成功，因此，如果说台湾岛上一直有人企图谋害郑成功，极有可能

赤崁楼

荷兰殖民者侵占台湾后修建此楼，郑成功撵走侵略军后收归国用。

是以清廷作为背景。

第三，一个重大疑点是马信神秘地死去。马信是清降将，后来成为郑成功的亲信，郑成功去世当天，由他荐一医师投药一帖，夜里郑成功死去，他本人也突然无病而卒。照李光地的说法，马信在郑成功去世的第二天就死去，江日升《台湾外纪》中记载，其死期距郑成功去世仅仅5天。因此马信可能直接参与谋害郑成功的活动，但后来又被人杀害以灭口。

那么，这起谋杀案的主谋究竟是谁呢？人们把怀疑的目光投到了郑成功兄弟辈的郑泰、郑鸣骏、郑袭等人的身上，特别是郑泰。郑泰长期操纵郑氏集团的东西洋贸易，掌握财政大权，对郑成功早存异心，对郑成功出兵收复台湾曾极力反对。复台初期的郑氏政权财政面临困境，郑泰却暗地里在日本存银30多万以备他用。等到郑成功去世，郑泰等人迫不及待地伪造郑成功的遗命对郑经诛讨，并抬出有野心但无才干的郑袭来承兄续统。最后，他们的阴谋被郑经挫败，郑泰入狱而死，郑鸣骏等率部众携亲眷投清，据此分析，策划谋害郑成功的很可能就是郑泰等人。他们早存夺权之心，还可能和清廷有勾结。他们乘郑成功患感冒的

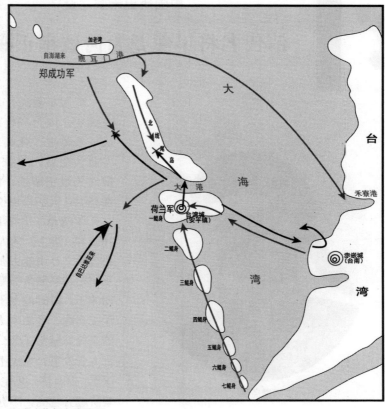

郑成功收复台湾要图

时候开始实施他们的计划。夏琳和江日升的记载中说，郑成功病情开始并不严重，常常登台观望、看书，有时还饮酒，甚至拒绝服药。他们极可能在酒中下毒，但这期间饮酒绞少，因此七八天毒性才发作。最后他们又在医生开的凉剂中下毒，郑成功终于被毒死。郑成功死后，郑经先是忙于对付郑泰的叛乱，后发现郑泰在日本银行的巨款，又集中注意力追回这笔款子。他本人又因犯奸险些被郑成功杀死，对郑成功之死也许心存侥幸，因此郑成功的死因在当时没有被深究。海天茫茫，也许这永远是个解不开的谜了。

中国历史未解之谜

清代名将年羹尧为何被雍正赐死？

年羹尧像

提起年羹尧，人们就会想起血淋淋的血滴子，因为在传说中，年羹尧总是用血滴子残酷地杀死其对头，在为雍正除掉许多对头之后，年羹尧也没有得到好下场，最终为雍正所杀，但雍正为什么要杀掉年羹尧呢？人们众说纷纭，莫衷一是。

年羹尧，字亮工，康熙三十九年（公元1692年）进士。为人聪敏，豁达，娴辞令，善墨翰，办事能力亦极强。后受到雍亲王的重用，各皇储争夺皇位时，他利用自己的精明才干，时时向主子出谋献策，奔波游说，深受青睐，更使主子高兴的是，年氏将自己的亲妹妹献给了他，以示忠诚，那时，主仆二人曾发誓，死生不相背负，从此交情更加深厚。君有情，臣有意，再加上年氏的才能，官阶越升越高，不到十年即升为四川巡抚，

年羹尧奏折 清

接着，又升为川陕总督，独掌军政大权，成为雍正心腹。

年氏受到雍正的宠幸是在雍正二年（公元1724年）十月年氏来京陛见以前，具体地说，在七月中旬以前，即平定西海叛乱以后。年氏手握重权，荣立青海大功，君臣之间，无猜无疑，如雍正所谓"千古君臣知遇榜样"。但七月中旬后，尤其是陛见抵署以后，即十二月初，雍正使出浑身解数开始置年氏于死地，雍正为什么转变得这么快？年氏的死因究竟是如何呢？

有人认为年羹尧的死与雍正帝夺嫡有关。学者孟森的《清代史》、王钟翰的《清世宗夺嫡考实》等持此说。据说康熙帝临终时指定十四子胤禵嗣位。四子胤禛串通年羹尧、鄂尔泰、隆科多，矫诏篡位。其时，十四子胤禵在四川为抚远大将军，原可挥兵争位，然受制于川督年羹尧，遂无能为力。胤禛即位后，改元雍正，为酬报年羹尧拥立之功，大加恩赏，然而这不过是灌"迷汤"，雍正帝实已对这些知情者存有杀心，最终还是找借口除掉了他。

有些人不同意此说。他们认为雍正初年年羹尧受宠，并非是雍正帝为他灌"迷汤"，而是皇帝对他效忠辅弼的奖励。雍正帝继位之时，年羹尧尚在四川平乱，并未参与其间，所以不可能知情，故上说不能成立。《清史稿》、《清代七百名人传》等作者，都认为年羹尧是恃功自傲而致被杀。《清史稿》载："羹尧才气凌厉，恃上眷遇，师出屡有功，骄傲……入觐，令总督李维钧、巡抚范

时捷跪道送迎……公卿跪接于广宁门处，年（羹尧）策马过，毫不动容；王公有下马问候者，年颔之而已。世宗前，亦箕坐无人臣礼。"《清代轶闻》作者说"年挟拥戴功，骄益盛"，且年羹尧残暴对待部下，任人唯亲，乱劾贤吏，引起公愤，也为雍正帝所不容，故被杀。

年羹尧成败之速，异于寻常，对于其死因的种种说法，人们到现在还是难辨真假，难怪被史学家列为"雍正八案"的首案。

《治平胜算全书》 清 年羹尧著

雍正皇帝像

中国历史未解之谜

和珅受宠之谜

和珅像

和珅道："圣祖皇帝六次南巡，非但未招致民怨，反而被颂为圣君。古来圣君，莫如尧舜，《尚书·舜典》也说'五载一巡狩'，可见自古巡览就是胜典。但凡圣君，道本相似，

乾隆帝宫中行乐图 清

清以来，明君屈指可数，乾隆帝是其中较为突出的一个，但令人奇怪的是，在这样的一个贤君身边，竟时刻跟随着一个奸臣，这个奸臣就是和珅，民间有"和珅扳倒，嘉庆吃饱"一说。然而为什么这样的奸臣会受到乾隆的无比宠幸呢？

有人认为，是因为和珅善于揣摩乾隆的心思。有名的"乾隆下江南"就是和珅鼓动而成的。一次，主仆二人说起江南秀丽风光，繁华都市，乾隆帝道："朕也想重游江南。但顾虑南北迢遥，劳民伤财，朕所以未决。"

何况国库殷实，金银充足，区区巡游不会耗费多少库银。"和珅这一席话，正好逢迎了皇上仿效先祖、学尧舜的喜好，乾隆遂降旨预备南巡。和珅亲自为皇上监督龙舟等南巡的设施，华丽奢侈之极，库银由和珅流水般地挥霍掉了。和珅也因此更加得到皇上的宠信，被升为侍郎。

这种观点认为，和珅论文论武，都没有什么才能，但因为他善玩心理战术，逢迎皇上，才受皇上的恩宠。乾隆五十五年（公元1790年），有个叫尹壮图的官员向皇上呈奏，各省库金银亏空。和珅对其怀恨在心，上奏请皇上命尹壮图再去查实，暗中派了自己的亲信前往。结果尹壮图被降职，原因是所奏不实，和珅更得宠信。官库虽然空虚，但和珅却以各种名目进行搜刮，所以皇帝不愁没银子花，而和珅也更加受宠。

然而，关于和珅受宠的原因，还有另外一种说法，据记载，在乾隆帝还是宝亲王的时候，曾钟情于马佳氏，而这马佳氏正是雍正皇帝宠爱的妃子。宝亲王时年17岁，情窦已开，常在没人的时候和马佳氏调笑。一天，不知为何，马佳氏误撞到宝亲王的眉际，被皇后钮祜禄氏看见，以马佳氏调戏皇子为名，下令将马佳氏牵到月华门勒死。宝亲王听后，流着泪到月华门前，此时的马佳氏已奄奄一息，宝亲王便放声哭道："我害了你。"便咬破自己的指头，滴一点血在妃子的颈上，说："我今生无力救你，来生以红痣相认。"话至此，马佳氏淌了两行眼泪便魂归西天。宝亲王又仔细端详了马佳氏的脸面，吩咐用上好的棺木盛殓，并买通宫女把马佳氏贴身的衬衣脱下来，日日同眠。他登基后，这件事渐渐淡忘了。而和珅酷似马佳氏，那颈上也有一颗鲜红的血痣。因此，和珅被乾隆认为是马佳氏在世，开始受到万千宠爱。御书房是他和皇上同榻而眠的场所。和珅做出百般娇媚的样子，使皇帝更加相信他就是第二个马佳氏。

而且，据考证，和珅所居住的恭王府中有一条地道可直接通往皇宫，据说和珅每次就是通过这条地道，直接到达宫中与皇帝幽会的。

事实的真相究竟如何？和珅到底由于何种原因受到宠信？这些君臣之间的故事只能留给后人评说了。

乾隆皇帝半身朝服像

中国历史未解之谜

曾国藩为何没有称帝？

曾国藩旧照

曾国藩在太平天国运动威胁清王朝统治时，通过组建湘军，掌握地方大权，到1863年湘军攻下南京后，曾国藩已经控制了整个统治集团，就军事实力而言，他比清政府已经超出了很多，若曾国藩振臂一呼，从满朝人的手中夺回统治权，应当说并不困难，但他没有这么做。曾国藩为何拒不称帝？一般归结为三点原因：忠君报国思想、条件不成熟和为了统一。

其一，曾国藩满脑子的忠君报国思想，深受晚清理学大师唐鉴的影响。他起兵就是为了保卫地主阶级利益，保卫清朝，保卫明教。他的个人追求就是做个中兴名臣、封侯拜相、光宗耀祖。

其二，曾国藩即使想当皇帝，时势也不允许他这么做。当时清政府虽衰落，但科尔沁亲王僧格林沁拥有一支强大的以骑兵为主的军队。而且湘军攻陷天京后，人心思归，战斗力锐减。最关键的一条，湘军起兵是以"保卫儒教"和"忠君保国"为号召，一旦曾国藩称帝，很可能湘军要成为众矢之的。再说，也没有所谓"友邦"的帮助，曾国藩称帝未必能得到国际承认。

其三，曾国藩真称帝的话，势必会引起社会动荡，各地又要出现割据的局面，天下统一的局面就要被打破了。因而从客观上说，曾国藩拒不称帝也是一件好事。

江宁省城战图

军事

中国历史未解之谜

中国文官武将是何时分开的？

彩绘文官俑 唐　　　　彩绘釉陶武官俑 唐

国家体制的一个重大变革就是文武分离，这是社会政治、军事发展的必然结果。文武官员分开，是指有了专门指挥作战的武将，文官不再作战，史学界均是这样认为的。但是，人们对他们分开的具体时间持有不同的观点。

《史记》、《淮南子》称：黄帝时已设立"司马"等军事首领官职。《今文通典·尧典》、《古文通典·舜典》称：夏王朝设立了"司徒、司马、司空"等文武官职。《尚书·洪范》称：商王朝有"司徒、司空、司寇"和"马、亚、射、戎、卫"等文武百官。从上述古籍看，

夏商体制一直沿袭到西周，虽然文官武职已分门别类地设立，但卿、大夫既管理政事，又受王命率兵出征，司马只主管平时军事行政，而无统兵之权，战时统帅由天子临时任命，征战结束即将统兵之权上交天子。根据以上所述，文官武将在西周以前是不分的。

但周王室在春秋时已衰落，各诸侯都有自己的军队，据《史记》、《国语》记载，军队的最高统帅是国君，天子常亲自率兵作战，也有不少文官武将去领兵作战。例如《左传·隐公五年》中记载周桓王二年北制之战，郑庄公派大夫祭足、原繁、泄驾、公子伯和子元率兵抗击燕军，而那时大夫便是文武一体。又如《左传·僖公二十二年》记载，周襄王十四年，宋桑楚泓水之战，宋襄公统帅宋军，太宰子鱼和大司马公孙固辅助；楚成王派成得臣、斗勃等军将统帅楚军。再如《左传·昭公二十七年》记载，楚昭王元年，吴军包围潜城，楚王派王麇（主管宫廷）、王尹寿（主管营造、手工业），统帅救兵增援。《左传》中的详细史实证明，文官武将直到春秋时也未分开。

战国时期，地主阶级兴起并逐步掌握政权。由于以前不分国家的文武官员、卿、大夫等贵族平时管理政务，战时统兵作战，集军事政治权力于一身引起君权旁落弊端，于是统治阶级采取文武分职的办法，以相、将为百官之首。这样，几千年的封建君主专制体制得以确立。相似的记录还可见于《尉缭

子·王霸篇》、《吕氏春秋·举难篇》。所以，战国才出现了专职将军和独立的军事系统。这一点是得到公认的，并记载于《中国军事史》、《中国政治制度史》中。

战国时期，战争规模扩大，士兵总量不断增加，军队指挥成为一种艺术。一支军队的指挥必须要有军事方面的专业知识，富有管理、训练和指挥作战的经验。《韩非子·显学》称："明君之吏，宰相必起州郡，猛将必发于卒伍。"《史记》、《吕氏春秋·异宝》中，还有战国取消分封制，授给爵位的标准是看作战成果的大小，许多将帅都从军中选拔的记载。一批名将例如吴起、孙膑、乐毅、白起、廉颇等，正是遵循这个原则选拔出来的。这时，在朝中管理政事的只是文官，而且他们也不再率领军队出征。例如，著名的马陵之战和长平之战，庞涓统帅魏军，

田忌（孙膑为军师）统帅齐军，王龁（后为白起）统帅秦军，廉颇（后为赵括）统帅赵军，而他们都是专职武将。

综上所述，史学界普遍认为，战国是文官武将分开的具体时期，而且一直延续至今。但是，也有人认为它始于春秋。至于到底是什么时候，也只能等考古发现来澄清了。

西周头盔

西周时期的朝堂
这幅画描绘了西周时庄严的殿宇，从图中可以看到文臣武将两边分列的迹象。

中国历史未解之谜

庞涓指挥过马陵之战吗？

庞涓像

马陵之战是历史上的一次著名的战役，众所周知，孙膑在这次战役中杀死了庞涓，司马迁在《史记·孙子吴起列传》中记载了这次战役。魏国与赵国联合在公元前343年末进攻韩国。韩国向齐国求救。第二年，齐威王为救韩国而派大将田忌、军师孙膑，发兵攻打魏国。这场战争中，将军庞涓是魏国军队的指挥。他看到齐军援兵来到，便放下韩国转而攻打齐军。齐军军师孙膑献上一条妙计，让士兵装出一副害怕的样子，并且让军队一天接一天后退，第一天的行军营地有十万个灶，第二天减为五万个灶，第三天再减为三万个灶，这就是著名的行军灶之计。三日后，庞涓行军到此看到这个情景，喜出望外，放弃步兵，率领其精锐骑兵日夜兼程

来追齐军。孙膑在马陵设下埋伏，马陵地势极为险峻，道路颇窄。孙膑在一棵砍去树枝的大树上写上："庞涓死于此树之下"八个大字，并在树的周围设下埋伏圈。果然，庞涓率领魏军在当晚追到马陵地区，想点火看看这树上究

虎形灶 战国
行军作战时使用的炊具

竟写了什么文字。庞涓还没有读完树上的字，周围隐蔽的齐军便已万箭齐发，魏军顿时乱成一团。庞涓在走投无路的情况下，拔剑自刎，齐军趁此机会大败魏军。从司马迁的这段记载来看，庞涓是指挥过马陵之战的，但在历史上还有另一种说法。

1972年，在山东临沂银雀山出土的汉简《孙膑兵法》中的《擒庞涓》一篇这样记载：魏军大将庞涓在公元前353年也就是马陵之战前十一年的桂陵之战中，被齐军活捉。当时魏国攻打赵国国都邯郸，派将军庞涓带八万兵马出击。齐国也派将军田忌，军师孙膑领八万兵马去援助赵国。孙膑派"不识事"的齐城、高唐二大人先攻打守备森严、"人众甲兵盛"的平陵以迷惑魏军。结果齐国这两个大夫未进入平陵攻战，在路上就遭到了魏军侵袭，齐军大败。魏国开始骄傲轻敌，不把齐国放在眼里。接着，孙膑为了"以怒其气"，派遣轻战车到魏都大梁的郊外，让

极少的士卒分散跟随在战车之后，显出一副兵少将寡的样子。正在全力攻赵的魏军统帅庞涓得知这个情况，并不知是骗局，转而率领精兵强将日夜兼程回到大梁与齐军进行决战。于是孙膑故意施计，追击到桂陵，生擒庞涓。《孙膑兵法》为孙膑弟子所写，它十分清楚地记载了孙膑在桂陵之战中生擒庞涓的事，应该说可信度也是很高的。既然在桂陵之战中齐军已经俘虏了庞涓，他怎么还能在马陵之战中再指挥魏军作战呢？如果说庞涓在桂陵之战时已经中了孙膑伏兵狙击之计，他怎么会不吸取教训，在马陵之战时再次受骗呢？

但司马迁在《史记》中多次提到马陵之战的魏将是庞涓。如《魏世家》中说，当时魏军任庞涓为将，太子申为上将军。结果，魏在马陵失利，齐国擒住太子申，杀了庞涓。再如《田敬仲完世家》中说，这次战役齐国救韩，赵来打击魏，使魏军大败于马陵，虏

孙膑像

太子申，杀大将庞涓。再如《六国年表·魏》在马陵之战的当年记载："齐虏我太子申，杀将军庞涓。"

考察以上两种说法，关键就是庞涓在桂陵之战与马陵之战之间的经历，在这一段时间内，他是否被释放回魏国并重新担任将领？于是有的学者认为，桂陵之战，庞涓落入齐军之手，但不久后就被放出来了，又一次担任马陵之战中的将领，和孙膑再次交战。《水经·淮水注》引《竹书纪年》中的记载说，在桂陵之战的第二年，魏惠王调用韩国军队，在襄陵打败了齐、宋、卫三国联军，齐国见局势危急，就传楚将景舍在中间调和，也就在这个时候，庞涓被释放。

但《水经注》中毕竟只是转引其他书籍中的记载，其真实性如何，魏军将领庞涓是不是被俘而又释，是不是再次东山再起，参加了马陵之战，至今仍无法确定。

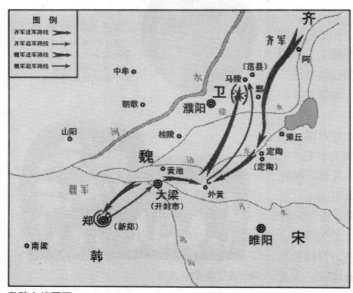

图例
齐军进军路线
齐军退军路线
魏军进军路线
魏军退军路线

马陵之战要图

中国历史未解之谜

汉高祖在"白登之围"中是怎样脱身的？

汉高祖像

汉高祖刘邦建立汉朝后，让韩王信迁到代国，建都在马邑。匈奴兵攻打韩王，并用大军包围了马邑，韩王信因为受到汉朝猜忌，失去了信任，他害怕遭到诛杀，率领众军在马邑投降匈奴。

韩王信投降匈奴后，使得匈奴对汉王朝的实情了解得更加清楚，因而率领大军南进，越过句注山，向太原郡进发，不几日，便抵达晋阳城下。汉高祖亲自率领大军追击，当时正赶上天上降大雪，天寒地冻，士卒冻掉手指的十有二三。这时候冒顿单于假装败走，来引诱汉兵。汉军果然中计追击。冒顿把老弱残兵暴露在外，而将精兵隐蔽起来，于是汉高祖带领32万汉军乘胜追击。他率前队兵

马首先到达平城（今山西大同市东北），由于汉军大都是步兵，大队人马尚未赶到。正在这时，冒顿单于令10万精锐骑兵突然出击，把汉高祖重重包围在白登山（在平城东）。汉高祖被包围七天七夜，汉军内外不能互相接济军粮，士兵们七天未能吃上饭。而匈奴的骑兵士气高涨，西方皆骑白马，东方皆骑青马，北方皆骑黑马，南方皆骑红马。

汉高祖身陷在匈奴骑兵的重重包围之下，又没有军粮的接济，粮食断绝，情势万分危急。

这时，陈平献给高祖一计。他让画家画了一名美女，连夜派人从小道将美女图送给

"单于天降"瓦当 西汉
"单于"意为"天子"，是匈奴国家最高首领；"天降"意为天之骄子，表达了树立单于绝对权威的心愿。

骑士捉俘纹带饰 西汉
匈奴族带饰，"P"造型，透雕图案，表现了当时的战争场面。

匈奴鹰形金冠

彩绘指挥俑 西汉
此俑头戴紫冠，身
着直摆长袍，外有
铠甲，脚蹬花靴，
从衣饰看当为步兵
中最高级别的指挥
者。指挥者动态鲜
明，宛若置身于当
年的千军万马之中。

也不一定能够占有它。"于是，匈奴网开一面，汉军才得以突出重围。更有一些人说，陈平用数百个傀儡做成美女登城的样子，阏氏看见之后，怀疑是汉军献给单于的，唯恐夺了自己的宠幸，因此才为汉军解了围。

这次大战是汉王朝建国后与匈奴大军的第一次全面的交锋，最后却以汉高祖的白登被围和用计脱险而告终。此后，汉高祖对匈奴非常忌惮，并屡次告诫子孙毋与其轻开边衅。

美女图

了单于的后妃阏氏，并且告诉她："汉朝皇帝被困在这里，想把汉朝的这位美女献给单于。"阏氏害怕如此一来，自己便要失宠于单于，所以就对冒顿单于说："汉朝天子也有神灵保佑，即使我们得到了他们的土地，

中国历史未解之谜

西汉大将军李陵投降匈奴之谜

苏李泣别图轴 明 陈洪绶

苏武出使匈奴后，匈奴王令降将李陵前去劝降，但遭苏武拒绝，李陵只得与其洒泪而别。画面中苏武持节斜视李陵，虽衣衫褴褛，但仍不失汉室气节。李陵身着胡服，佩胡刀，掩面而泣。

李陵（？～前74年）字少卿，陇西成纪（今甘肃秦安）人，飞将军李广的孙子。年轻时为侍中建章监。

天汉二年（公元前99年），李陵向汉武帝请求攻打匈奴，收复国土。汉武帝很欣赏他这种勇气，就准奏了这次军事行动。

李陵于这年九月率五千人从居延出发，

经过了三十天的长途跋涉，到达浚稽山（约在阿尔泰山脉中段），在山下遇到了匈奴的军队。单于用三万大军包围了李陵军，李陵命令前队的人拿盾和戟，后队的人都持弓弩。他下令："听到鼓声就向前冲，听到锣声就停止。"匈奴见汉军少，就一直向前挺进。李陵指挥弓弩手，千弩齐发，单于的士兵顷刻间死伤一大片，匈奴兵顿时大乱，急急忙忙向山上逃跑。汉军乘胜追击，杀死匈奴数千人。

就在这节骨眼上，李陵军中有一个叫管敢的兵士，被李陵的校尉韩延年辱骂，一气之下跑去向匈奴投降。他还向匈奴讨好，对单于说："李陵的军队没有后备支援，弓矢也快用完了。"管敢还把李陵的排兵布阵告诉了单于。

由于单于洞悉了李陵的虚实，知道他是孤军作战，便放心大胆起来。他还按照管敢的主意，用许多骑兵攻打李陵。李陵率汉军向南走，还没有到鞮汗山，弓矢都用光了，汉军被单于困在峡谷中。单于乘机用垒石攻打，汉军死伤惨重。最后致使李陵被擒。此时，边关便报李陵降敌。

汉武帝听说这件事后，十分恼怒。朝中大臣也都大骂李陵。单单太史令司马迁对皇上说："李陵这个人诚实而讲求信义，他为国家常常奋不顾身。现在他处境不幸，我们应同情他。况且，李陵只带步兵五千人，面对匈奴八万大军，转战千里，弹尽粮绝，赤手空拳同敌人拼搏。这种勇往直前、无所畏惧的精神，即使古代名将也不过如此而已。他现在身陷匈奴，但是全天下的人都知晓他的战绩，他不死，估计是还想再为汉朝立功。"

司马迁的一番话，非但没打动皇上的心，皇上反而定司马迁"为陵游说"之罪，处以宫刑。从此，司马迁打消了仕进的念头，忍辱负重，专心致志撰写《史记》，以此来宣泄自己心中的愤懑。

那么李陵为什么向匈奴投降呢？事实是李陵在匈奴数年杳无音信，皇上派公孙敖带兵去设法抢回李陵。公孙敖去匈奴后无功而返，为了回复皇上、完成任务，他带回了关于李陵的消息，告诉皇上说："听说李陵在那边训练匈奴兵，要攻打汉朝。"皇上听到这个消息，大发脾气，命人把李陵母亲、李陵弟弟及李陵的妻儿都杀了。其实，替匈奴训练士兵的人是李绪，一位早年投降匈奴的汉都尉，公孙敖显然是张冠李戴了。

就在李陵投降匈奴的前一年，苏武出使匈奴被扣。后来，李陵宴请苏武，李陵给苏武斟满酒说："你不降匈奴，忍辱负重，名扬天下，功劳盖世。"李陵推心置腹地告诉苏武说："我投降的目的原本是想找机会劫持单于，为国家效劳。却不料汉皇不了解我的心志，杀了我的老母和妻儿，绝了我的归路。"苏武说："过去，我深知老友的为人处世的态度，但现在你的处境不同过去，是非功过，也只好由人们去评说。但是我决不能做对不起国家的事。"

李陵听苏武说完后，长叹一声："比起苏君来，我这个人真如粪土一般。"说罢，热泪纵横，起身吟唱了一首《别歌》：

"径万里兮度沙漠，为君将兮奋匈奴。路穷绝兮矢刃摧，士众灭兮名已颓。老母已死，虽欲报恩将安归！"

一曲歌罢，李陵朝着南方跪拜不起，苏武望着他，叹息不止。这就是李陵"身在异族心在汉"的故事。

青铜羊饰 匈奴

胡汉交战画像砖
这块画像砖是刻画在墓室的墙壁上的，表现胡汉交战的激烈场面，可与史书相印证。

中国历史未解之谜

曹操赤壁战败之谜

赤壁之战是中国历史上一次著名的以少胜多的战役，究竟是什么原因使曹操在赤壁之战中打了败仗呢？一般人认为曹军失败的致命原因是遭遇火攻。《三国志·蜀书·先主传》载："权遣周瑜、程普等水军数万与先主并力，与曹公战于赤壁，大破之，焚其舟船。"司马光在《资治通鉴》中也说，黄盖"乃取蒙艟斗舰十艘，载燥荻、枯柴，灌油其中，裹以帷幕，上建旌旗，预备走舸，纱于其尾。去北军二里余，同时发展，火烈风猛，船往如箭，烧尽北船，延及岸上营落"。曹军败在火攻上，证据确凿。可是，随着社会进步，近些年来，有论者提出了许多关于火攻论的质疑。他们认为曹操之所以会失败，是因为军队遭遇疾病瘟疫，导致战斗力丧失，而不是由火攻造成的，更为详尽的是，他们说是血吸虫病造成曹军赤壁战败的。

东汉斗舰复原图

《蒲圻县志》有关赤壁之战的记载

赤壁之战旧址，今湖北蒲圻。

血吸虫论者也是根据史籍提出这一论点的。如陈寿在《三国志·魏书·武帝纪》中叙述赤壁之战时，并未提及"火攻"这件事。他说，曹公到了赤壁，与刘军大战，不占上风。后来发生瘟疫，士兵大部分都死了，于是带领部队回去。从曹军主帅曹操在战后写给孙权的一封信中可看出，他不承认失败是因为遭到火攻，其中写道："赤壁之战，有疾病侵袭，我烧船而退，使周瑜白捡了这个好名声。"而曹操所说并不是唯一凭证，《吴书·吴主传》中也有曹操自己烧掉战船一说："曹公烧剩余船而退败。"由此论者认为，火攻一说不足以取信。曹军失利主要原因就是瘟疫，即血吸虫病，其理由是：

第一，我国古代早已存在血吸虫病，远古医书中的周易卦象便有"山风蛊"之病症，在公元7世纪初的《诸病源候论》中也有关于血吸虫病一类的记载。现今，研究者在出土于 1973 年的长沙马王堆一号墓中的女尸肠壁及肝脏组织中也发现了大量血吸虫卵。由此可以看出，早在汉代，血吸虫病之患就在长沙附近存在着。大量调查资料表明，与赤壁之战有关的地区为血吸虫病发区，尤其是湖南湖北一带。

第二，论者根据赤壁之战的时间与血吸虫病的易感染季节推断，血吸虫病的流行季节正好是曹军迁徙、训练水军的秋季。曹军从陆地转战水中，是最容易染上此病的。血吸虫在人体中的潜伏期为一个月，它们在一个月以后才会使人出现急性症状。所以曹军在训练时期已经染上此病，个把月后，进入冬季决战时期，此病也已进入急性期，致使曹军遭受此痛折磨，不堪一击。孙刘联军也同样是水上训练和作战，为什么不会染上血吸虫病呢？关于这个问题，论者认为这要根据人免疫力的强弱来看。孙刘联军长期居住于南方疫区，具有一定抵抗力，即使得此病，也不会这么严重。曹军都是北方人，抵抗力差，所以患此病的症状严重，因而溃败。

然而，血吸虫病说也不可尽信，它比火攻论的争议还要多。《新医学》1981年 11 期与 1982 年 5月 25 日的《文汇报》就这个问题相继载文展开争论，他们认为：

第一，曹操在邺

而不是在疫区江陵训练水军，那里不是血吸虫病疫区，感染的可能性不是很大。

第二，史书确实记载曹操烧船退军一事，但烧船的地点不在赤壁而在巴丘，时间不在赤壁大战时，而在曹军兵败退到巴丘时。

第三，血吸虫病的潜伏期一般在一个月左右，少数在两个月以上，潜伏期越长，发病的症状也就越轻，所以即使曹军在秋季患上了血吸虫病，到大战爆发时才发病，曹军的身体状况也不会很糟糕。

第四，曹操的水军大部分是居于血吸虫病流行区的湖北人，跟孙刘联军的免疫力没有什么差别，除此之外，补充给曹操的刘璋军队也是来自疫区四川的士卒。所以，孙刘联军在免疫能力上与曹军没有高低强弱的分别。

火攻论不可尽信，血吸虫病说也有缺陷，那么，曹操在赤壁战败的原因，只能作为一个千古之谜留存于人们心中了。

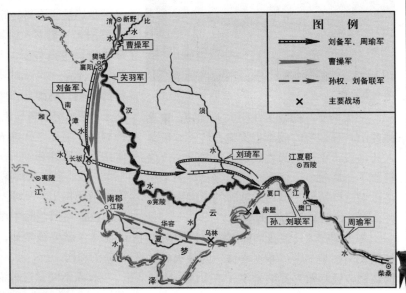

赤壁之战示意图

中国历史未解之谜

诸葛亮挥泪斩马谡仅仅是为失街亭吗？

诸葛亮塑像

诸葛亮营 三国
此营位于云南省保山地区，传说是诸葛亮七擒孟获时的兵营所在地。

"失街亭"的故事几乎人人皆知，诸葛亮挥泪斩马谡鸣的故事也家喻户晓，有很多人为马谡不平，认为胜败乃兵家常事，仅仅打败了一场战争，便要被斩，诸葛亮的军法是否太过严厉呢？但马谡被斩的原因究竟是什么呢？仅仅是因为失街亭吗？

朱大渭在《马谡被杀真相》一文中指出，虽然失街亭是马谡"罪在必诛"的导火线，但是常言说胜败乃兵家常事，不应因一次败仗就让将领"罪在必诛"。但就算街亭一战

胜利了，按军法马谡也该杀，因为他不仅违反军法，而且还畏罪潜逃。因此朱大渭认为，马谡是违抗了诸葛亮的正确领导而失街亭的。《三国志·蜀书·诸葛亮传》载："马谡举动失宜，违亮节度，大意为所破。"街亭的失守，不是一个小的错误，而是在战争最关键的时刻，马谡自作主张一手造成这个严重后果，按军纪应斩马谡。俗话说"军纪如山"，特别像诸葛亮这样的人物更是治军严谨。正像诸葛亮回答蒋琬时所说："若不按军法斩马谡，谁还会服从指挥，如何能'讨贼'呢？"朱大渭还指出，马谡不但不承认错误，还是畏罪出逃。按照当时军中的法规，如果将士临阵脱逃，就要被处死，所以失街亭正是马谡被斩的原因。

有人不同意这种说法，因为马谡在战前颐指气使，吹嘘自己"熟读兵书，颇知兵法"；

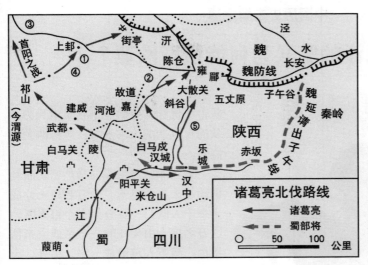

诸葛亮北伐路线图

听说诸葛亮派马谡来时，笑曰："徒有虚名，乃庸才耶！孔明用如此人物，如何不误事！"马谡领命时立过军令状，表示"若有差失"，则"乞斩全家"。但结果他令军队全军覆没，耽误国事，还使诸葛亮险些被司马懿所擒。因此综合以上因素，正是因为马谡在战前、战时、战后的各种表现的综合，造成了马谡的被斩，而马谡的被斩，绝不仅仅是因为失掉了一个小小的街亭。所以尽管马谡没有畏罪投敌，而且认识了自己的错误，临死前还留了一份遗书给诸葛丞相，使全军官兵感动得痛哭流涕，但诸葛亮最后还是杀了马谡以谢众人。

在战时，他骄傲轻敌，让军队驻扎在山上，舍弃有利地形，不切实际地用"置之死地而后生"的兵法，副将王平几次劝说都没有用，因而他是个赵括般的危险人物。马谡这个危险人物根本不是"杰出将才"，而只是一个"成事不足，败事有余"的人，因而司马懿

尽管马谡被斩还存在各种各样的谜团，但总之还是造成了诸葛亮"出师未捷身先死，长使英雄泪满襟"的结局，让后人为之扼腕叹息。

成都武侯祠

中国历史未解之谜

成吉思汗的骑兵为何能横行欧亚？

蒙古骑兵图 元

蒙古骑兵向来所向披靡，百战百胜，攻城略地，少有败绩。那么，他们为何能征善战呢？蒙古人打起仗来有许多办法，并且也善用策略，蒙古骑兵服从、骠勇、顽强的精神是他们胜利的最重要因素。蒙古骑兵纪律严明，即使因小事违反军纪，也动辄受笞刑或受死。所以，蒙古骑兵打起仗来非常勇猛，快速灵活，当然所向披靡，无可匹敌。

骑兵的勇敢是从小训练出来的，他们从三岁大就被绑在马背上，从此一生几乎都在马背上度过。蒙古马气力、耐力也非常惊人，它驮着骑者，能日行120公里，而且途中只需要休息一次，喝水进食。这样使得蒙古军

队占尽优势，他们能迅速集中兵力，从而可以造成人马众多、声势浩大的假象。

蒙古军队的组织异常严密，而且调动起来灵活迅速。一万名战士分成十个千人队，一队分为十个百人队，这万名战士由大汗的一个亲戚或亲信指挥。两万人可组成一军。另外，大汗亲选一万名"体格矫健，技能好"的人，组成精锐的"护卫军"，在平时分为四班守卫，战时随大汗出征。

虽然全军的统一命令是由快马下达，但是将在外君命有所不受，个别将领在作战时享有极大自主权力。军队消息非常灵敏，在大军前面有斥候部队，随时将敌情送回军队总部。

而且在斥候部队前面还有大量敌后探子，他们潜入敌城打探情报，扰乱人心。蒙古人特别喜欢结交商人，并招募商人从事谍报工作，可能是大多数商人唯利是图，比较容易收买吧！

此外，蒙古大汗还有一种最有力的武器，就是计划周详、时时刻刻对敌人施行心理战术。如果大汗想攻取的城市不愿意投降，那么，他们最终一定逃不掉屠城的下场。当时最大而兴盛的撒马尔罕和内沙布尔两城，就由于这个原因先后被夷为平地，居民无一幸免。这个消息传开后，别的城市就不敢抵抗。但是有的即使投降也不一定能避过厄运。基

海上进攻日本作战图 元
本图描绘了元军渡海远征与日本军队交战的情形

辅城中的俄罗斯王公投降前虽得到宽大保证，但最后还是给扔在饮酒祝捷的桌下活活压死。阿富汗西北边境赫拉特城的居民在听到赦免消息后走出城外，却被全部杀死，整座城也被夷为平地。

蒙古人虽然有时候不免会杀伤无辜，有时还驱赶老百姓到阵前作挡箭牌，却并不轻视他们征服的民族，反而热衷于学习。但是最后，他们逐渐沉溺于养尊处优的生活中，失去了游牧民族的活力。

武士甲胄 元

中国历史未解之谜

李自成下落难明

李自成像

李自成本名鸿基，崇祯二年（公元1629年）参加张存孟的起义军。后义军逐渐壮大，李自成被义军称为闯将，崇祯九年，被推为闯王。1644年，李自成率军攻入北京城，推翻了明朝的统治。而后不久，山海关一战，农民军遭吴三桂部和清兵的夹击，大败而归，李自成匆匆在武英殿举行即位典礼，随即放火焚烧明宫并撤出北京。以后，李自成数战数败，转战南北，于1645年行军至湖北九宫山时，遭地方乡兵袭击，李自成不知所终。直到现在，关于李自成的行踪仍无确切说法。综合而言，大致有两种："九宫山说"和"夹山说"。对于李自成在九宫山上死亡的记录见于阿齐格向清廷的奏报和南明兵部尚书何腾蛟给唐王的奏报。阿齐格在奏报中写道："反兵逃窜至九宫山中，我军随后搜遍全山，

不见李自成，李自成身边的随从共20人，被困，自缢而死。派遣一见过李自成者，前往辨认，但尸体已腐烂，不能够看清，是生是死，继续追查。"何腾蛟所写的奏报说："在九宫山已将李自成斩首，首级不慎丢失。"以后这两封奏报成了多数研究史学人士的根据。

大顺政府屯田清吏司契铜印

据《明史》、《小腆纪年》、《南疆逸史》等史籍记载，李自成到九宫山后，队伍散去，李自成本人被程九百等乡民所杀，同治《通山悬志》、嘉庆《湖北通志》都赞成此说。但是，20世纪80年代在湖北通山县新发现的《朱氏宗谱》、《程氏宗谱》为"九宫山说"提供了新的证据。在新中国刚刚建立之时，曾掀起一场关于李自成葬身何地的争论，最终李文治撰文考证李自成葬身之地为湖北省通山县九宫山，郭沫若赞成此说法，学术界对这一结论也基本认可。因此闯王陵从通城县迁移至通山县九宫山牛迹岭下。但是，九宫山说亦有两点可疑之处，首先是"尸朽莫辨"，其次是上呈奏报的阿齐格和何腾蛟两人当时并未在九宫山，是从手下将士嘴

里听到消息的。

首先对"九宫山说"提出疑问的是申悦庐，他认为李自成兵败后并未死于湖北，而是在康熙十三年（公元1674年）老死于湖南省石门县夹山灵泉寺。这个推断主要依据是清朝时期湖南澧州知州何璘所著的《书李自成传后》一文，何璘经过实地考察，询问当地老人，认为李自成在九宫山并未死去，而是制造的假象，以迷惑追兵从而摆脱清军。在从湖北公安逃到湖南澧州的过程中，大多数的部下见闯王大势已去，便纷纷另谋生路。到安福县境内，闯王甩开随从十余人，单独来到夹山灵泉寺削发为僧，也就是夹山灵泉寺的祖师"奉天大和尚"，法号"奉天玉"。李自成曾经称自己为"奉天倡议大元帅"，其中"奉天玉"隐含"奉天王"之义。奉天玉和尚于康熙十三年（公元1674年）死于灵泉寺中。何璘亲自见到了曾伺候过奉天玉和尚的老僧，据老僧讲，奉天玉和尚在顺治初年来到灵泉寺，说话带有陕西口音。寺内还收藏有奉天玉和尚的画像，与《明史》记载相符。留在澧州的起义军余部一直没有推举新的首领，也是由于李自成还健在的缘故。

清末民初著名学者章太炎赞同"夹山说"。他也到澧州进行过实地考察，还考察出李自成夹山隐居时，曾作诗百首来赞赏梅花，即《梅花百韵》，并搜集到其中的五首作为驳斥"九宫山说"的依据。一些出土的文物成为"夹山说"最具权威性的证据。在澧州发现建有奉天玉和尚的墓地并有骨灰坛出土，20世纪50年代在奉天玉断碑上发现有"子门徒已数千指中兴"等句，完全是一派将领的豪言壮语。重修夹山寺时，又发现刻有《梅花百韵》诗的残版，上面残留九首诗歌；同时还发掘到"永昌通宝"铜币（永昌是李自成大顺政权的年号），刻有"永昌元年"字样的竹制扇骨、铜制熏炉等。据史学家称，奉天玉和尚墓出土的符碑上面，刻有四句四言偈语，十分接近于李自成的家乡米脂的传统随葬符碑，其中有三句和在米脂地区出土的一块符碑上的三句完全相同，这与石门的传统发葬的习俗有明显区别。另外，奉天玉和尚有一弟子，法号"野拂"，他就是李自成的侄子李过，野拂所撰的碑文为何璘的说法提供了有力证据。

学术界对李自成结局的研究还会继续，随着研究的深入，或许会发现具有说服力的证据，向人揭示这一谜案的真相。

李自成墓碑

中国历史未解之谜

太平天国的窖藏珠宝流落何处？

天京失陷

太平天国圣宝

历史上最大规模的农民起义——太平天国运动的失败令人叹息，然而太平天国巨额的窖藏珠宝的不知所终同样令人遗憾。

1864年7月，作为太平天国首都11年的天京（南京）失陷。围城三年的湘军蜂拥闯进了天京各个城门，他们目的就是抢掠，上至前敌总指挥的大头头曾国荃，下至军营里雇佣的民工、文职人员，都想发横财，当时传闻洪秀全和天国新贵收敛财宝都藏在此地。湘军三日三夜搜查全城，曾国荃和提督萧孚泗率先洗劫天王府，他们捞尽官衙甚至民宅的一切浮财，连同几万名女俘虏，一并作为胜利品带回去。但是，他们远不满足，"历年以来，中外纷传洪逆之富，金银如海，百货充盈"，因而认为还有更多财宝埋藏在地下各处。曾国荃抓到李秀成后，非常高兴，用锥尖戳刺他的大腿，把李秀成弄得血流如注。一方面是因为气恼李秀成守城坚固，更是为了紧逼李秀成说出天京藏金下落。曾国藩不久从安庆赶到南京，赞赏其老弟"以谓贼馆中有窖金"，又多次软硬兼施，追问李秀成藏金处。这也是李秀成被较晚处死的另一个原因。李秀成被俘之后，清朝皇帝也派僧格林沁、多隆阿来南京督促，李秀成却始终未透露太平天国天京的窖金事宜。

天京确实有窖金埋藏，曾国藩在城破后下令洗劫全城，但"凡发掘贼馆窖金者，报官充公，违者治罪"，虽然湘军军令严明，但在"破城后，仍有少量窖金，为兵丁发掘后占为己有"。天京被攻破后，除抗拒的太平天国将士遇害外，尚有1000余人，即占守城精锐的1/3，随李秀成保护幼天王洪天贵福逃脱，《能静居士日记》卷二十则说"另有其余死者寥寥，大半为兵勇扛抬什物出城。或引各勇挖窖，得后即行纵放"。上元人孙文川在《淞沪随笔》（手抄本）中认为"城中四伪王府以及地窖，均已搜掘净尽"，但他说的也许是斗筲金银，而大宗窖金下落，并未见有著述，给后人留下一个谜团。

民间流传的另一种说法是：在南京从前有个富丽堂皇的大花园"蒋园"，园主蒋某，绰号蒋驴子，据说他原来只是一个行商，靠毛驴贩运货物。因为有次运军粮，得到太平天国忠王李秀成垂青，被任命为"驴马车三行总管"。天京被围，内宫后妃及朝贵多用金银请人办事，"宫中倾有急信至，诸王妃等亦聚金银数千箱令载，为之埋藏其物"。《红羊佚闻·蒋驴子轶事》则说："有金银数千箱，命驴往，埋于石头山某所。"蒋氏后来因此发财起家，成为近代金陵巨富。《红羊佚闻·蒋驴子轶事》中还说，民国初年，也有南京士绅向革命军都督和民政长官报告"洪氏有藏在某处，彼亲与埋藏事"，由此引起一些辛亥元老国勋的野心，"皆以旦夕可以财为期"，可是雇人多处寻掘，仍毫无收获。

这种事情，20世纪初多有传闻，众说纷纭，成为疑案。南京当年天王府遗址，至今只有西花园一角还隐约可见旧时面貌，据介绍，南京解放时期，有人听说洪秀全窖金的事，将园中湖水放干，但也一无所获。

窖金的下落究竟如何，传闻很多，却没有证据。曾国藩向皇帝奏报说没有发现藏金。然而《能静居士日记》中却说萧孚泗"在伪天王府取出金银不资，即纵火烧屋以灭迹"。曾国藩兄弟俩当然所获很多，1866年5月19

曾国藩手札
这两份手札记载了曾国藩在攻破金陵后的兴奋心情

日的《上海新报》上记载说"宫保曾中堂之太夫人，于三月初间由金陵回籍，护送船只，约二百数十号"，这时搜刮物似乎包括窖金。但天京窖金如藏了很多，那也不会全数遭挖掘的，很难排除确有更多的深藏巧埋之物至今仍未能发现的可能。

对于如此巨额的窖藏珠宝，当然会引起世人极大的兴趣，因此会众说纷纭，但这些珠宝的下落究竟如何，到现在也还是一个谜。

天王府西花园龙壁
西花园是现今唯一保存完好的天王府遗迹。据说在天王府的地下，埋藏了大量的金银珠宝。

中国历史未解之谜

太平天国翼王石达开在大渡河畔信函之谜

太平天国翼王石达开在遭太平天国内部猜忌被迫分兵出走之后，坚持进军四川，打算自立一国，结果在大渡河畔被清军与地方土司紧紧围困，成为釜中之鱼。石达开率领军队左冲右突，未能血战脱险。在无可奈何的情况下，石达开命军师曹伟人给清军写了一封信。信中说："窃思求荣而事二主，忠臣不为；舍命以全三军，义士必作。"（《太平天国文书汇编》）请求清军赦免他的部下。他把信写成后，用箭射入驻守在大渡河对岸的清朝四川重庆镇总兵唐友耕的军营中。关于这封信的收信人，有人说是重庆镇总兵唐友耕，有人说是四川总督骆秉章。正因为这两种说法各有凭据，成为一大疑案。

1908年，唐友耕的儿子唐鸿学为其父所编《唐公年谱》印刷出版。年谱中附录了石达开的信，介绍说这封信是石达开写给唐友耕的，也就是说石达开是向唐友耕乞降的。

关于石达开写信给唐友耕的事，《纪石达开被擒就死事》一文记载特别详细。文中说，石达开在"四月二十三日，以书射达北岸唐友耕营"，"唐得书，不敢奏亦不敢报。石军不得复"。根据这种说法，唐友耕收到石达开的信后，隐匿不报，也没有回复石达开。

1935年，四川泸定西沙河坝农民高某在紫打地偶然发现了石达开的函稿三通。其中一通在《农报》上发表，标题《致四川总督骆秉章书》，收信人是骆秉章，而不是唐友耕。

1937年，萧一山在写《翼王石达开致清重庆镇总兵唐友耕真柬伪书跋》时，认为《农报》发表的《致四川总督骆秉章书》是错误的。他说，他在成都黄某家中曾亲见致唐友耕"真柬伪书"一通，是用翼王所遗之柬帖转抄的。萧一山认为《唐公年谱》附录的石达开信函是可靠的，该信的确是石达开写给唐友耕的。《广东文物》按照萧一山的说法，有《石达开致唐友耕书》。《中国近代史资料丛刊》中《太平天国》所辑此信据《广东文物》排印，因此唐友耕为收信人的说法流传较广。

但是，简又文先生认为紫打地农民高某发现的"三遣函，其致王千户与致唐友耕两通……可以为真品"，因此，他的说法与萧

骆秉章朝服像

石达开率军到达四川涪州时给当地民众的训谕

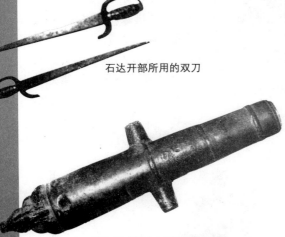

石达开部所用的双刀

石达开远征军遗留在江西的具铭大炮

一山不同，但认为石达开写信给唐友耕是可靠的，"致唐函更见之《唐公年谱》，尤为可信"（《太平天国全史》中册）。

　　罗尔纲先生对石达开写信给唐友耕这件事十分怀疑。他认为是唐鸿学将原收信人骆秉章盗改为唐友耕，他的意图是要为父亲脸上贴金。

　　石达开信中说："惟是阁下为清大臣，肩蜀巨任，志果推诚纳众，心实以信服人，不蓄诈虞，能依清约，即翼飞缄先复，并望贲驾遥临，以便调停，庶免贻误，否则阁下迟行有待，我军久驻无粮……"（《太平天国

文书汇编》）罗尔纲指出，石达开信中"肩蜀巨任"的话，应该是对身为四川总督、担负四川全省重任的骆秉章说的，而不是对只管重庆一镇绿营兵的唐友耕说的。太平天国己未九年，李永和、蓝大顺在云南昭通府起义。当时唐友耕为起义军中的一个小头目，后来降清。以唐友耕的身份和地位，石达开是不会写信向他请求赦免三军将士的，更何况唐友耕也没有这么大的权力。唐鸿学知此破绽，故将"肩蜀巨任"改为"当得巨任"。石达开对唐友耕的来龙去脉一清二楚，在信中怎么会称唐友耕为清朝大臣呢？石达开说"并望贲驾遥临"，显然是对远在成都的四川总督骆秉章说的，而不是对隔河相望的唐友耕说的。唐鸿学将原信改为"拜望台驾近临"。石达开信中还有"阁下如能依书附奏清主"的话，但是，当时总兵是不能直接向皇帝上奏的。以上种种破绽，可以证明此信是写给骆秉章的。

　　1945年，都履和根据李左泉《石达开洴江被困记》整理修而成《翼王石达开洴江被困死难纪实》，其中附录有石达开的信。李左泉的文章是根据土千户王应元幕僚许亮儒遗著《擒石野史》笔记润色重编的，来源可靠。

　　罗尔纲认为，《农报》所载高某发现的抄本和《翼王石达开洴江被困死难纪实》附录的石达开信函是真实的，是没有经过唐鸿学篡改的。石达开这封信的收信人应是骆秉章而不是唐友耕。

　　总之，石达开到底将信写给了谁仍旧只是推测，为什么日期不对也是一个难解之谜。

中国历史未解之谜

太平天国将领流亡海外有多少？

金田起义营盘遗址
轰轰烈烈的太平天国运动失败了，但当初起义的营盘遗址还铭记着这一切。

太平天国运动失败后，其将士流落到哪里去了呢？有人说是逃避到海外去了。

那么究竟有哪些人出奔、安居海外呢？这里说的海外，包括香港、澳门以及南亚、美国等地，这些地方都在清政府的管理范围之外。

毗连广东的香港是太平军将士逃亡海外理想的落脚点和桥头堡。早在天京内讧后，能文善武的赖汉英目睹同室操戈，所以对太平天国失去了信心，从南京溜出，在香港寄居多年后于20世纪初始返回家乡。此说有传奇色彩，不足为信。但实际上，天京沦陷后，确实有些太平天国人物匿居香港。现在有记录的是曾担任水军司令官的森王侯裕田，他暗运军火粮食接济太平军漳州余部，明里则开设金成泰店，后来和另一个匿居香港的人先后被引渡到广州杀害。

据简又文调查，到香港避难的还有洪秀全的三个本家侄子：琅王洪魁元以磨剪刀掩护；后来当上警察的玕王洪绍允初以贩卖咸鱼为业，最后又在九龙红磡开设广济堂药店；瑛王洪春魁逃到香港后改名为洪和，自卖身为猪仔赴古巴充任挖鸟粪劳工，后返香港悬壶行医，后来辛亥革命前夕，策划建立"大明顺天国"的洪全福就是他。

上述仅是能够列举名字的头面人物，随着岁月流逝，其他流

香港皇后大道旧照

亡海外的人因缺乏文字和口头传说，其事迹就不得而知了。

　　不少的太平军成员赴美国，这与美国要开垦西部时需要大量劳工有关，19世纪中期是欧洲资本主义蓬勃发展时期，也需要成千上万的劳工。英国少校、"常胜军"领队戈登在攻陷苏州后，将太平军俘虏充作猪仔，用兵轮装到海外圭亚那等英国殖民地当苦工，可见美洲也是需要劳工的。那么这些太平军成员为什么要横渡太平洋跑向美洲呢？像洪仁玕长子、能以英文会话的洪葵元，在天京失陷后出逃到广东浮海，后来到美国哥朗帮工，后就寄住南美洲英属圭亚那。据广东花都区纪念馆调查称，洪仁玕的后代在美国是确有其人的，流落南美洲西印度群岛马提尼克的太平军将领中还有国民党元老陈友仁的父亲。

　　值得注意的是，近代中国已不再是封闭世界了。在此大背景下，太平军将士在失败后在大陆不能安身时，是懂得出奔海外的，所以就产生上述真真假假的多种说法。囿于时空因素的限制，这里所举的每种说法，即使是言之凿凿，也还是事隔多年，后人的调查和追记，至于臆测、推理和编造那就在所难免，为什么对太平军将士流亡海外有这么多种说法，而匿居在香港和海外的太平军究竟有多少？看来还得随着今后文化学术的频繁交流，方能有较多的资料证实。

戈登像

广州外国商馆 油画
太平天国十分重视海外贸易，许多将士与国外商人有过接触。太平天国失败后，他们出海避难也在情理之中。

中国历史未解之谜

曾国藩伪造了《李秀成自述》吗？

《李秀成自述》据传是李秀成自己作的，这对评价他的功过及考察太平天国农民起义的历史有重大的意义。但自1864年《李秀成自述》的曾国藩刻本问世以来，人们就对其真实性提出了种种怀疑。

吟唎在《太平天国革命亲历记》中就提出了质疑："1852年，在太平军占领南京以前，满清官方即已捏造了一篇名为《天德供状》的文件，伪托是叛军领

曾国藩像

袖的供状，谎称他们俘获了这个领袖。《李秀成自述》很可能也是同样靠不住的。这篇文件或为某个著名的俘虏所伪造（他可能因此而得赦免），或为两江总督曾国藩的狡猾幕僚所伪造。"

《李秀成自述》各种不同版本又陆续出现，人们围绕其真伪问题，提出各种截然不同的看法。1944年，罗尔纲

根据广西通志馆从湖南湘乡曾国藩后人家中抄录来的《李秀成自述》原稿的抄本及拍摄来的《李秀成自述》原稿的一部分照片，从内容笔迹、语汇、用语、语气等方面做出仔细的鉴定，认定"曾国藩后人家藏的《李秀成自述》确是李秀成亲笔"。1956年，有人以司法部法医研究所研究笔迹的专家审定为依据，提出曾氏后人所存的《李秀成自述》乃"曾国藩所伪造"。正当讨论深入之时，曾氏后人在台湾世界书局影印出版《李秀成自述》原稿。不久，戚本禹的奇文《评李秀成自述》、《怎样对待李秀成的投降变节行为》又先后发表了。

1979年和1984年荣孟源两次撰文断定："《李秀成自述》不是李秀成的真迹，而是曾国藩修改后重抄的冒牌货。"

陈旭麓针对荣孟源的看法认为："《李秀成自述》是李秀成的亲笔。"他说，字句的款讳问题可能仅仅是李秀成的有时疏忽，又回到早年的写法，犯了

李秀成佩剑铭文

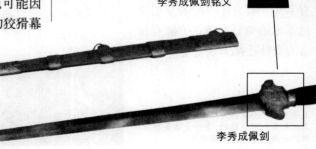

李秀成佩剑

太平天国忠王府

李秀成无疑是太平天国运动后期的中流砥柱，但他是否写了《李秀成自述》却是后人一直争论的疑点。

量的同时，对全部东西加以编辑剪裁。"他还说："由于自首书是经过篡改的，所以，曾国藩对它显得神经过敏。他曾命令其家属不得给他人看这份自首书。我曾亲自在上海听见过他的孙子说过这件事。"

讳，也并不奇怪；然后他又提出疑问：《李秀成自述》原稿如果是假的，曾国藩为什么要把这个假东西当作宝贝传之后代呢？为什么他的第四代曾孙曾约农还要把这个易招非议的假东西公之于众呢？

还有人认为，《李秀成自述》不但是李的真迹，而且是完整无缺的，即曾国藩对它只有删改，并未撕毁；至于《李秀成自述》原稿影印本最末一句话"实我不知知也，如知"说明李秀成已经"彻肠彻肚"，实在无话再说了。

《李秀成自述》真伪之争，在国际上也引起不少人的关注。1978年4月8日国际友人路易·艾黎坦率地对《李秀成自述》的真实性提出了看法。他说："如果像曾国藩这样一个肆无忌惮的卖国贼官吏竟然会不去充分利用被俘的李秀成来进一步达到满清的目的，这是绝对不可思议的。他可以先鼓励李写下他本人的历史，然后再通过专家在同样的纸张，以同样的文风，添加上有害于太平天国事业的东西，之后在显示他本人宽宏大

《李秀成自述》的台湾原稿影印本的英译本译者、伦敦大学柯文南则说："我相信我们今天所能细查的《李秀成自述》的确是他亲手写的，而看不出什么重要的、决定性的遗漏。"

《李秀成自述》是真是假，在学术界已经历了很长时间的讨论，如能证据确凿地做出一个考证，当对学术界有一个极大的贡献。

李秀成龙袍

太平天国是中国唯一具备服饰制度的农民政权。其服饰继承传统遗制，又有所创新。以黄色织锦缎制成，饰以金、银、红三色丝线盘成的龙纹，甚为华丽。

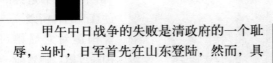

中国历史未解之谜

甲午战争日军登陆之谜

甲午中日战争的失败是清政府的一个耻辱，当时，日军首先在山东登陆，然而，具体位置在什么地方呢？

一说荣成登陆。甲午战争时期的荣成在今荣成县城崖头东北 80 多里的龙须岛西部。甲午战争期间在北洋舰队"定远"舰任职的陈兆锵持此说。

二说龙须岛登陆。持此说者较多。海军提督丁汝昌在日军登陆的当天，将日军活动情况电告李鸿章，电文中说："两船向龙须岛驶，二十二船在灯塔处或二英里处或八英里游弋，必是倭船有登岸之举。"北洋海军覆亡时，《会陈海军覆亡禀》中有记载说："至十二月二十五日（即公元 1895 年 1 月 20 日），倭以水陆劲旅自龙须岛登岸，破荣成县城，攻桥头等隘。"（《甲午战争有关奏折史料》，国家图书馆藏）另外，曹和济所撰写的《津门奉使纪闻》中亦持此说。

三说落凤港登陆。落凤港位于龙须岛南侧、荣成湾的北端。山东巡抚李秉衡在日军登陆的第二天电告清廷称："昨调倭岛、里岛防营折赴龙须岛，尚未赶到，而倭人于落凤港登陆，径赴荣成县。"甲午战争期间曾一度上书言事的易顺鼎说："二十五日，倭以运船四十艘，载陆兵由落凤港登岸，扑荣成县。"（见于《盾墨拾余》）池仲祐在《海军实记·述战篇》中亦持此说。当代史著，未曾采用此说。

五说金山嘴登陆。在日军登陆的第二天，当时镇守威海卫南帮炮台的总兵刘超佩将日军登陆和中国军队抵抗的详细情况电告李鸿章，电文中这样说："二十五日早四点钟，倭船三四十只在龙须岛、倭岛、里岛游弋，嗣于龙须岛、倭岛交界之金山嘴水深处下兵……贼兵蜂拥而上，枪队不能存身，退回荣成。"

由此可见，日军登陆具体地点之说，众说纷纭，莫衷一是。

中日甲午海战图 清

名人

中国历史未解之谜

"梦生"还是"野合"——孔子出生之谜

孔子像

中国封建社会绵延几千年，孔子作为儒家思想这种封建统治思想的创始人，受到历代统治者的加封，头衔众多，成为万世师表。可是，作为伟大的思想家、教育家的孔子的出生情况如何呢？这个问题颇为引人注目。

关于孔子的出生情况，现在的史书多是一笔带过，模糊不清。例如，范文澜先生所著《中国通史》第一册就有这样的记载："孔子名丘，字仲尼，鲁国曲阜人。先世是宋国贵族，曾祖父逃难到鲁国。父叔梁纥，曾做鲁陬邑宰……孔子生于前552年，卒于前479年，年七十三岁。"其他的史书大致上也都是这样记载的，包括翦伯赞先生所著的《中国史纲要》，有的史书记载更少。综览各种史料，目前关于孔子出生的情况，学术界有以下三种观点：

第一，"野合"而生。司马迁《史记·孔子世家》记载说："孔子生鲁昌平乡陬邑……伯夏生叔梁纥。纥与颜氏女野合而生孔子。""野合"一说是在野地里苟合，而唐朝人认为，"野合"之所以成立，是因为孔子之父叔梁纥年老而母亲颜徵在年少，故两人结合不合礼仪。司马贞《史记索引》就说："今此云野合者，盖谓梁纥老而徵在年少，非当壮室初笄之礼，故云野合，谓不合礼仪。"

第二，祈祷而生。这种观点的神话色彩

孔庙大成殿

如果不在出生问题上故弄玄虚，使之与凡人不同，以尊其为神，孔子就不能成为"圣人"，他的观点主张又怎能为世人信奉呢？

第四，私生子。蔡尚思等所著《孔子思想体系》一书提出此说。该书详细列举了作者历年积累的资料，认为颜氏既然长期向孔子隐瞒其父的事情，说明颜家必定远离孔家。再加上孔子自称"吾少也贱"。这些无不证明颜氏家境贫寒，可能是奴隶或平民之女，与叔梁纥的身份截然不同。所以，该书认为，所谓"野合"，实际上是老奴隶主叔梁纥在野外强暴颜氏而生孔子，即孔子是私生子。这一结论重新解释了《史记》等书中所述的"野合"。

在这几种说法中，"祈祷而生"与"梦生"这两种说法固然不足为信，就"野合"这种说法而言，究竟该如何解释，也还没有定论，但不论怎样，尽管孔子主张"非礼勿视"、"非礼勿动"，但是极有可能孔子自己就是个"非礼"的产物。

圣迹图·孔子出生图
描绘孔子出生时，空中祥云缭绕众神送子。

浓厚，说孔子的母亲在尼丘山和他父亲一起祈祷，感动黑龙的精灵而怀上孔子。东汉郑玄《礼记·檀弓正义》引《论语撰考谶》说："叔梁纥与徵在祷尼丘山，感黑龙之精以生仲尼。"显然，这种说法非常荒谬，无非是儒学的后继者们为了神化孔子所作的附会之辞，不足为据。

第三，梦生。这与上一种说法一样出于谶纬书中，带有明显荒诞的迷信色彩。因为

桑林野合图画像砖

尼山
据传孔子父母在此野合，孕而生孔子，故给孔子取名"丘"，字"仲尼"。

西施最后的归宿如何？

西施像

那么，吴国灭亡以后，这位美貌的女子究竟归宿何处呢？早期的史书所记录的，都是一代红颜薄命的下场，立了功却最终被越王装进皮袋沉到江里。《墨子·亲士》篇就说："西施之沈（'沉'，古作'沈'），其美也。"《太平御览》引东汉赵晔所撰《吴越春秋》中有关西施的记载说："吴亡后，越浮西施于江，随鸱夷以终。"这里的"浮"字也是"沉"的意思。"鸱夷"，就是皮袋。这与上述记载相同。另外，唐代诗人皮日休也有《馆娃宫怀古》五首，第五首是："响屧廊中金玉步，采苹山上绮罗身；不知水葬今何处，溪月弯弯欲效颦。"这些记载均说西施最后被沉于水。但是后人不忍这位绝代佳人有如此可悲的结局，于是流传出西施和范蠡偕隐西湖的美满姻缘的故事。范蠡是当时越国的大夫，帮助越王勾践刻苦图强，灭亡吴国，因深知

我国古代"四大美女"之首的西施，是春秋末期越国的一名浣纱女，有闭月羞花、沉鱼落雁之貌，之所以能名见史册，是因为她不幸成为两个国家斗争的主角，吴王夫差对之宠幸有加，也因为她对越国放松了警惕最终被越国打败。

苏州城图 明
苏州是春秋吴国的都城，正是这灵秀之地，演绎出以西施为主角的故事。

越王勾践为人"可以共患难，不可以共安乐"，于是隐姓埋名出走。本来范蠡和西施没有任何关系，但因有范蠡泛于西湖的传说，后人便给他安排了一个如花美眷西施为伴，同时也给西施安排了一个虚假的美满的结局。《越绝书》是东汉袁康所撰，记吴越两国史迹及范蠡等人的活动，多采传闻异说。例如《越绝书》就这样记载："吴亡后，西施复归范蠡，同泛五湖而去。"唐代诗人杜牧在所作《杜秋娘诗》中有句云："西子下姑苏，一舸逐鸱夷。"这里的"鸱夷"不作皮袋解释，而指的是范蠡。《史记·越王勾践世家》说范蠡亡吴后，"浮海出齐，变姓名，自谓鸱夷子皮"。《姓氏书辨证》卷三中也说，范蠡到了齐国以后，自号鸱夷子。

民间还有一些纪念范蠡与西施爱情的场所。说是在范蠡送西施去吴国途中，二人情难自抑，双宿双栖，生下一子。等他们一路磨蹭到吴国时，孩子已能张嘴说话。至今吴越间还有一"爱子亭"，用于纪念范蠡与西施的爱情结晶。只不过令人遗憾的是，传说中这

水军作战图
此图生动地描绘了吴越水军交战的情景。

个孩子后来送给别人抚养就再也没有找回。

《史记》中《越王勾践世家》与《货殖列传》都提到范蠡却没有提起西施，就更不用说她和范蠡有什么关系。是司马迁没有看到这方面的记载，没有听到这方面的传说，还是司马迁特意不写进去，今天就无从知晓了。因此有关西施的结局众说纷纭。是被沉于水，或者跟随范蠡归隐于西湖，或者还有其他什么结局，这仍是有待探索的谜。

吴王采莲图

中国历史未解之谜

孟姜女哭长城是否真有其事？

姜女石
传说孟姜女为寻找筑长城未归的丈夫，不远万里来到海边长城脚下，哭倒长城，见丈夫骨骸后投海自尽，海中递长出巨石。

唐末有一首《杞梁妻》，诗中说杞梁妻为秦国人，她去长城哭吊筑长城而死的丈夫，"一号城崩塞色苦，再号杞梁骨出土"。到了宋代广为流传的杞梁开始有了姓，但有各种各样的说法，有说姓范，有说姓万，还有叫杞郎或喜良的。南宋郑樵曰："杞梁之妻，于经传所言者，数十言耳，彼则演成万千言……"看来孟姜女哭长城是由杞梁妻的故事演变而来的，而故事最后大致形成于北宋年间。

"孟姜女哭长城"是我国流传千古的古代民间传说，可谓妇孺皆知。为了纪念那位万里寻夫的孟姜女，山海关被后人认为是孟姜女哭长城之地，并在那里盖了姜女庙，登临庙宇的游人，无不动容。但有人认为，孟姜女哭长城的故事，纯属虚构。因为被指定为"孟姜女哭长城"之地的山海关所有的长城是秦朝以后才筑起的，而秦始皇所筑长城距山海关北去数百里。历史上有过哭倒城墙的记载，但故事发生的时间比秦统一六国要早得多，因此和秦始皇根本没有关系。

故事、传说毕竟代替不了历史事实，实际上并没有孟姜女哭长城这件事。但是因为这个故事的生动性与悲剧色彩，成了各朝各代人们借题发挥的素材。有种观点就认为，根据历代时势和风俗的不断变化，孟姜女哭长城也在不断变更。战国时齐都中哭吊盛行，杞梁战死而妻哭吊便是悲剧的材料。西汉时，

秦万里长城第一台遗址
在秦代修筑长城时，榆林这个地方是当地地势最高、烽火台最大、里面驻军最多，也是两路长城汇合的地方。雄伟的长城下面，不知埋葬了多少役夫的遗骨和怨妇的眼泪。

天人感应之说盛行，杞妻的哭夫便成了崩城和坏山的感应。到了六朝、隋唐间，乐府中出现送衣之曲，于是送寒衣的内容增加了。可见孟姜女哭长城的故事是顺应了文化演变的潮流，随各时各地的时势和风俗而改变，并在民众的情感和想象基础上而发展起来的。

但也有人根本否定孟姜女即《左传》中的"杞梁之妻"，认为在封建社会，民不聊生，哭夫的题材并不少见，《左传》中也有记载，因此单凭哭夫就做出了论断，不能令人信服。还有的说，好端端的长城，竟然城墙被一位妇女哭塌了，过于荒诞。再说，齐国的孟姜女被捏造成秦国的孟姜女，攻打莒城被改为修筑长城，这是故意往秦始皇身上栽赃。

2000多年来，孟姜女哭长城的传说以故事、歌谣、戏曲等多种形式流传于我国广大地区。其故事的真实程度早已被撇到一边，人们欣赏的是孟姜女身上那种坚贞不渝的爱情和对统治者的坚定的反抗精神，真是"秦皇安在哉，万里长城筑怨；姜女未亡也，千秋片石铭贞"（宋文天祥书孟姜女庙楹联）。

姜女庙

中国历史未解之谜

王昭君出塞之谜

王昭君像

王昭君，中国古代四大美人之一，"昭君出塞"的故事让风华绝代的王昭君在历史上据有一席之位。

这个故事在《汉书·匈奴传》和《后汉书·南匈奴传》等正史中都有所记载。但有关她出塞的原因，至今众说纷纭，莫衷一是。

一种最流行的说法是，王昭君因自傲，未买通画工毛延寿，因而被丑化。未能遭皇上宠幸的昭君觉得在宫中没有意思，于是自请去匈奴。经汉元帝同意，她便出塞去和亲了。

据《汉书·元帝纪》和《西京杂记》所载："王昭君，西汉南昭秭归（今属湖北）人，

名嫱。"晋时为避司马昭讳，她又被称为明君和明妃。相传，她是齐国王襄的女儿，竟宁元年（公元前33年），17岁的王嫱被选入宫中，汉元帝是按画工的画像选宫女的，为了能被皇上召幸，深居后宫的宫女们，总想让画工把自己画得美点。所以，她们不惜花费重金贿赂画工。

王昭君初入宫廷，第一不懂这些规矩，因而没有准备这笔贿金；二来觉得自己天生美貌，不怕皇上不召见。据说，画工毛延寿在画王昭君的眼睛时，便开口说："画人的传神之笔在于点睛，是一点千金呀！"对毛的暗示昭君虽心领神会，但没有买他的账，反而讥讽了他几句，毛延寿见她如此傲慢，便把那点该点到昭君眼睛上的丹青点到了她的脸上。多了这么一点，王昭君因而苦守了不知多少时光。

这时，恰好匈奴呼韩邪单于来朝，要与汉人和亲。王昭君久居深宫，觉得面见圣上无望，

明妃出塞图 元

宫中画像图
这是一幅古人所绘的画师给宫女画像的图画。当日毛延寿丹青暗点的那一笔，王昭君的命运已被悄然决定，不知画师这残酷的一笔究竟用意何在!

单于驾崩。阏氏之子继位。依匈奴习俗，王昭君要嫁给继子为妻。昭君不从，上书汉朝要求回汉宫。此时元帝已死，成帝即位，成帝敕令她从胡俗，无奈之下昭君又成了单于阏氏。又传，王昭君觉得屈辱，最后服药而死。

历史上还有一说，王昭君之所以出塞，是毛延寿设下的救国计策。宫廷画工见王昭君美貌异常，怕汉元帝贪恋其美色而步纣王后尘，于是将昭君有意丑化。后汉元帝见昭君真面目虽想反悔但最终忍痛割爱。历史上一些文人大大赞扬了毛延寿此举，认为他这样做不但使元帝免于沉溺女色之祸，而且昭君出塞确实对边疆的安宁起到了积极的作用。

积怨甚深，便主动要求离汉宫去匈奴。汉元帝原想她毫无姿色，因此同意了她的要求。

到了呼韩邪单于与昭君离开的那一天，汉元帝见王昭君丰容盛饰，美冠汉宫，不禁大吃一惊。他本想留下她，可是怕与人失信，只好忍痛割爱，让王昭君出塞和亲。据传，后来汉元帝对画工毛延寿大为恼火，想要杀掉毛延寿等画工。

王昭君到了匈奴，生儿育女，俨然一个贤妻良母。可是好景不长，没几年，呼韩邪

正史中记载，王昭君出塞和亲，对汉边疆的安宁确实起到了积极的作用。从此，汉匈关系和睦，这说明政治联姻对于汉匈外交起到了积极作用。

中国历史未解之谜

造纸术始于蔡伦吗？

蔡伦像

作为我国四大发明之一，造纸术对世界文化的发展具有十分重要的作用。很长时间以来，人们一直认为造纸术的发明者是东汉宫廷宦者蔡伦。据传，蔡伦从小就对造纸很感兴趣，他经常看着竹子的内膜发呆，心里想道，要是字写在这薄薄的竹膜上，不是比写在竹简上要方便得多吗？于是他就用竹膜试验，但是经过很多次失败之后，他意识到竹膜太薄，根本无法写字，于是他想到要加进一些与竹膜一样质地的东西，但那些东西必须坚韧，他开始尝试用一些棉、麻试验。在千百次的试验之后，他成功了。正史中关于蔡伦发明造纸术的记载最早出现在南朝宋代范晔的《后汉书》里。《后汉书·蔡伦传》说："（蔡）伦乃造意用树肤（皮）、麻头及敝布、渔网为纸，元兴元年奏上之。帝善其能，

自是莫不从用焉，故天下咸称'蔡侯纸'。"后来的教科书都用此说。

然而，许多考古发现证实，造纸术的发明者并不是蔡伦。在西汉时期，我国劳动人民已经学会了造纸。

在比《后汉书》更早的东汉官修国史《东观汉记·蔡伦传》（已逸）中记载："黄门蔡伦，典作尚方作纸，所谓'蔡侯纸'也。"原书只说蔡伦主管（即"典"）少府所属尚方造纸，根本没有蔡伦发明纸的意思。蔡伦于公元75年入宫为宦官，后因卷入宫廷内讧而服毒自杀。所谓蔡侯纸实出于尚方内众工匠之手，而决非身为尚方令的蔡伦所亲制。

中国著名考古学家黄文弼于1933年在新疆罗布淖尔汉代烽燧遗址中发现了西汉麻纸。但是，此纸没有经科学鉴定，便毁于1937年的战火之中。

到1957年，人们又在陕西省西安市郊灞桥的一个砖瓦厂发现了一座西汉古墓，墓中有一个铜镜，用麻布包着铜镜，有一叠古纸，共88片，最大的有100平方厘米大小，最小的只有12平方厘米，平均厚0.139毫米，稍厚于现在的新闻纸，是用麻纤维做成的。

到了1973年和1974年，又有两片西汉纸在甘肃居延汉代遗址中发现了，一片有400平方厘米大小，是用大麻纤维制作的，其年代大约在西汉宣帝时期，另一片有103.5平方厘米大小，是用麻、线混合制成的，其年代大约在西汉建平年间。

居延纸 西汉
又名金关纸，1973年甘肃省居延金关遗址出土。

到了 1986 年，考古工作者又在甘肃天水发现了一张西汉天水地区的纸画地图。该地图出土时被放在死者胸部上面，残长 5.6 厘米，宽 2.6 厘米，纸面光滑平整，是用细墨线条绘制的。这张纸大约有 14 平方厘米，出土时已非常残破，但却是我国劳动人民在西汉时期就已掌握了造纸技术这一史实的有力证明。

从 1990 年到 1991 年，考古工作者又在甘肃敦煌悬泉置遗址中发现了 24 片汉代麻纸，其中 4 块书写有字，这纸和 1500 多件有

麻纸 西汉
敦煌市西部马圈湾出土

确切纪年的简牍同时发现，其年代当是西汉宣帝到哀帝时期。这说明西汉不仅有纸，而且开始用纸来进行书写。

上面这些重要考古发现有力地证明：我国造纸术的发明者并不是东汉蔡伦。远在西汉，我国劳动人民就已经掌握了造纸术；蔡伦的贡献是改进了造纸术，使造纸业的发展更进一步。也因为他在造纸术方面的改进，使得后来的史书将其列为造纸术的发明者。这同时反映出，造纸术在蔡伦改进之后技术水平的确有了很大提高，人们的书写也较以前更为方便了。

蔡伦墓

中国历史未解之谜

"闭月"之貌出谁家——貂蝉身世之谜

貂蝉像

在古代四大美人中，最迷人的当属貂蝉了，因为她竟让英雄豪杰为之神魂颠倒；也数她最不可捉摸，因为人们至今还没有弄清楚她的本来面目。关于她的身世，主要有以下四种观点。

第一种观点认为她是王允的歌妓。王允，东汉太原祁县（今属山西）人，字子师。初为郡吏，灵帝时，任豫州刺史，献帝登基后任司徒。王允为了铲除董卓，想用美人计来达到目的。于是他想到了貂蝉，王允对她说明了其中情由及利害关系，并要求她助一臂之力。貂蝉按王允的要求，以她的美色挑起了吕布和董卓之间的矛盾，最后，利用吕布

杀了董卓，为王允排除异己立下了汗马功劳。事成后，貂蝉在花园里为王允祈祷拜月，正巧此时有一片彩云遮月。王允见之曰："貂蝉美色使月亮躲到云后面去了。"据此，后人都传说貂蝉有"闭月"之容。

第二种观点认为她是董卓的婢女。董卓，东汉陇西临洮（今甘肃岷县）人，字仲颖。本为凉州豪强，灵帝时，任并州牧。昭宁元年（公元 198 年）率兵入洛阳，废少帝，立献帝，专断朝政。曹操与袁绍等起兵反对，他挟献帝西迁长安，自为太师，后来为吕布所杀。据《后汉书·吕布传》载："卓以布为骑都尉，誓为父子，甚爱信之。常小失意，卓拔戟掷之，布拳捷得免。布由是阴怨于卓。卓又使布守中阁，而私与侍婢情通，益不自安。"这段记载的就是凤仪亭掷戟之事。由此可知，貂蝉是与吕布情通的董卓婢女。

貂蝉拜月粉彩壶 明

连环计 年画

第三种观点认为她是吕布之妻。据《三国志·吕布传》注引《英雄记》载："建安（汉献帝年号）元年六月，夜半时，布将河内郝萌反，将兵入布所治下邳府，诣厅事阁外，同声大呼，布不知反将为谁，直牵妇，科头袒衣，相将从溷上排壁出，诣都督高顺营。"又载："布欲令陈宫、高顺守城，自将骑断太祖（曹操）粮道，布妻谓曰：'宫、顺素不和，将军一出，宫、顺必不同心共守城也，如在蹉跌，将军当于何自立乎？妾昔在长安，已为将军所弃，赖得庞舒私藏妾身耳，今不须顾妾也。'布得妻言，愁闷不能自决。"这里描述的这位科头袒衣的妇人，就是吕布之妻貂蝉。

还有一种观点认为她是吕布部将秦宜禄之妻。据《三国志·关云长传》注引《蜀记》曰："曹公与刘备围布于下邳，云长启公：

'布使秦宜禄行求救，乞娶其妻。'公许之。临破，又屡启于公，公疑其有异色，先遣迎看，因自留之。云长心不自安。"从这段记载中可知秦宜禄的妻子是很有姿色的。另外，因为关羽先想娶其为妻，可是由于曹操"自留之"，所以引起关羽的妒忌。他妒火中烧，一刀便把秦宜禄的妻子给杀了。元人杂剧《关公月下斩貂蝉》就是以此事创作而成。因此，秦宜禄之妻也成了传说中的貂蝉。

貂蝉作为四大美女之一，其最后的命运却很悲惨，正应了红颜薄命之说。

中国历史未解之谜

曹植在《洛神赋》中写的神秘女子是谁？

曹植像

　　位列"三曹"之一，素以文采见长的曹植在他一生的作品中，除七步诗之外，《洛神赋》便是他最著名的代表作之一了。但曹植在《洛神赋》中所写的洛水之神到底是谁呢？

　　甄后，是曹丕的妃子。作为小叔子的曹植居然动了爱慕之心，这就兄弟之道言，是其不义，就君臣之道言，是其不忠。不义不忠，大逆不道，成何体统？于是从古至今，便有一支浩荡大军，来辨伪正本，口诛笔伐。唐彦谦曾经说："惊鸿瞥过游龙去，虚恼陈王一事无。"陈王，就是指曹植。宋人刘克庄却说，这是好事之人乃"造甄后之事以实之"。明人王世贞又说："令洛神见之，未免笑子建（曹植字）伧父耳。"清代又有何焯、朱乾、潘德舆、丁晏、张云璈等人，群起而鞭挞之。把他们的论点综合起来，大概有如下几点：第一，曹植爱上他的嫂嫂很不可能。他没有那么大的胆量写《感甄赋》。丕与植兄弟之间因为政治的斗争，本来就很紧张，曹植写《感甄赋》，岂不是色胆包天，不怕掉脑袋了吗？第二，图谋兄妻，这是"禽兽之恶行"，"其有污其兄之妻而其兄晏然，污其兄子（指明帝）之母而兄子晏然，况身为帝王者乎？"第三，李善注引《记》所说的文帝曹丕向曹植展示甄后之枕，并把此枕赐给曹植，"里老所不为"，何况是帝王呢？极不合情理，纯属无稽之谈。第四，《感甄赋》确有其文，但"甄"并不是甄后之"甄"，而是鄄城之"鄄"。"鄄"与"甄"通，因此是"感鄄"。曹植在写这篇赋前一年，任鄄城王。第五，《洛神赋》一文，是"托词宓妃以寄心文帝"，"其亦屈子之志也"，"纯是爱君恋阙之词"，就是说赋中所说的"长寄心于君王"。后来的人否定感甄说不过是重复这些观点。如果说有所增加，只是说，14岁的曹植不大可能向曹操求娶已经24岁的已婚女子为妻。

　　与此相对立的是小说传奇和一些诗人，有的作者干脆认为洛神就是甄后。《太平广记》卷三百三十一《萧旷》篇和《类书》卷三十二《传奇》篇，都记述着萧旷与洛神女艳遇一节。洛神女说："妾，即甄后也……妾为慕陈思王之才调，文帝怒而幽死。后精魂遇于洛水之上，叙其冤抑。因感而赋之。"

洛神赋 清 萧晨

洛神赋描写与洛神的一段悲欢离合的爱情故事，始则极意描写洛神轻盈的风仪、柔美的体态、艳丽的容貌与服饰，娴雅文静而又妩媚缠绵的情致，继而则述彼此倾心爱慕之情，结以人神道殊，终不得交结而离绝，表达对理想的追慕和失望的哀愁。此图描写洛神凌波微步，高标玉洁，仪态万方，为众多洛神图中的佳作。

李商隐在他的诗作之中，曾经多次引用到曹植感甄的情节，甚至说："君王不得为天下，半为当时赋洛神。"蒲松龄的《聊斋志异·甄后》篇中，甄后大骂曹操、曹丕，说"丕不过贼父子庸子耳"，连父带子一块骂。后面还有一段评语是这样的："陈思时一见，《感甄赋》不虚作矣。"

综观千百年来的争论，对立的双方都没有拿出充分而直接的证据来说明是感甄或不是感甄，大多是推论。如果说是感甄之作，用什么确凿的材料来推翻否定者所提出的六点疑问？如果不是为感甄而作，那曹植又为什么写这篇《洛神赋》？如果说是寄托君臣之道，作为政治上屡次受其兄长迫害的曹植，会产生《洛神赋》中所表现的那么真挚的感情吗？似乎也不可能，所有的这一切仍旧是悬而未解的谜。

山东东阿山曹植墓 三国

曹植墓玉佩 三国

中国历史未解之谜

王羲之是否写过《兰亭序》？

王羲之像

　　提起《兰亭序》，人们就会想起王羲之。王羲之是我国古代伟大的书法家，为历代学书者推崇，被尊为"书圣"。相传，书法史上的丰碑——《兰亭序》就是出自王羲之之手。东晋永和九年（公元353年）三月三日，王羲之与谢安等当时名流，在山阴（浙江绍兴）兰亭修禊，作诗行乐，王羲之挥毫作序，即为《兰亭序》。后来，《兰亭序》为唐太宗所得，并断定为王的真迹。最后，原件成了唐太宗墓的殉葬品。

　　但到了南宋，姜夔因唐代何延之、刘𫗧二人对《兰亭序》流传途径记载的不同，开始对《兰亭序》作者产生怀疑。他认为，梁武帝收集王羲之书帖270余轴，提到了《黄庭》、

《乐毅》、《告誓》，但却未提及《兰亭》。这还只是怀疑。清末李文田则干脆否认了《兰亭序》是王羲之所作，因为《世说新语》中刘孝标注引王羲之此文不叫《兰亭序》而称作《临河序》，李文田还认为定武本《兰亭序》是隋唐人添上去的。李还从文字字体上论述《兰亭序》帖是后人伪造，是隋唐间的书法创作。李文田成为公开否定《兰亭序》出自王羲之之手的"第一人"。

　　1965年，郭沫若根据在南京附近出土的东晋《王兴之夫妇墓志》、《谢鲲墓志》等文物，

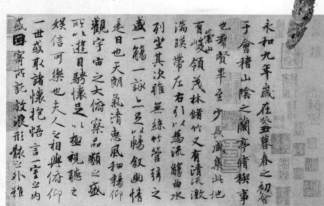

犀角雕兰亭修禊图杯　明
杯外壁采取螺旋式构图，雕东晋时期王羲之等人在兰亭欢聚宴饮的故事。由下而上，刻画姿态各异的二十三个人物，衬以崇山峻岭，茂林修竹，小桥亭榭，曲水白鹅。

摹兰亭序帖　唐　冯承素

王羲之观鹅图 元 钱选

兰亭碑亭
兰亭位于浙江绍兴市西南的兰渚山麓。

此文发表以后得到了不少人的赞同，他们的主要论据是序文前后格调不一致，因为"夫人之相与俯仰一世"以后一段文字与王羲之一贯的思想不符，"悲得太没有道理"，"更不符合王羲之的性格"，因此认为《兰亭序》是在《临河序》的基础上加以删改、扩大而成的。1972年第8期的《文物》杂志上又发表了郭沫若《新疆出土的写本〈三国志〉残卷》一文，认为晋代没有楷书与行书，文章中说"天下的晋代书都必然是隶书体"，从而成为否定《兰亭序》为王作的又一论据。

但这种说法遭到了高二适、商承祚、章士钊等人的反驳，他们从东晋书法风格等角度出发，进行了一次外围考证，认为"东晋时代的章草、今草、行书、楷书确已大备，比较而言，后两者都是年轻的书体，到了羲之，把它向前推进变化，因而在书法史上起着承先启后的作用"。至于题目的前后差别，是因为"羲之写此文时并无标目，其标目乃是同时人及历代录此文者以己意加上去的"，所以有《临河序》、《兰亭诗序》、《修禊序》、《曲水序》等名。因为"羲之的思想有许多矛盾的地方"，"这些矛盾反映在《兰亭序》以及诗句的情感变化上"，从而造成了思想上的矛盾之处。《世说注》中的《临河序》比《兰亭序》少了一段感伤文字，只是刘孝标删节了而已。

这些不同的说法，给《兰亭序》增加了些许神秘的色彩，从而让《兰亭序》更受到人们的珍视。

再次提出《兰亭序》为伪作。文章说在这年的《文物》杂志上发表了《由王谢墓志的出土论到〈兰亭序〉的真伪》的文章，文章说："《兰亭序》不仅从书法上来讲有问题，就是从文章上来讲也有问题。"他斩钉截铁地断定这篇文章"根本就是伪托的，墨迹就不用说也是假的了。"并进而推断它是陈僧智永所书。如此，《兰亭序》不仅字不是王羲之写的，连文章也不是他作的了。

中国历史未解之谜

唐代著名诗人骆宾王下落何处？

骆宾王像

骆宾王是"初唐四杰"中最富才情的传奇人物，他生活在唐朝初期，历尽磨难，在南通城东黄泥口的骆宾王墓前的石坊上，"笔传青史，一檄千秋著。碑掘黄泥，五行片壤栖"

骆宾王诗意图　清　恽寿平
此图取材于唐代诗人骆宾王的诗句"鹅，鹅，鹅，曲项向天歌。白毛浮绿水，红掌拨清波"。

这副楹联述说着墓主人的故事，纪念着这位才华横溢的诗人。

骆宾王自幼聪颖过人。据说，他七岁那年的一天，有人指着池里的群鹅要他赋诗，他随口吟出了"鹅鹅鹅，曲项向天歌。白毛浮绿水，红掌拨清波"的传世名句，博得了一片喝彩，人们称他为"神童"。但是，就是这么一位才华横溢的诗人，他的生死却始终是一个难解的谜团。

骆宾王的诗文题材广泛，与他非同常人的坎坷生活道路不可分。

骆宾王早年丧父，家境贫寒。唐高宗龙朔元年入仕时，担任道王李元庆的参军，地位低下。后来，他做过校理图籍旧书的东台泽正学士，此后，他被谪从军。上元三年，他又升迁为明堂县主簿。仪凤三年，迁为侍御史。此年冬天，他又被捕下狱。被赦免后，他又到幽燕从军。嗣圣元年，他客居扬州，参加了柳州司马徐敬业起兵反对武则天的活动，写了《讨武曌檄》，受到牵连。其间还有一个小插曲：

在这篇气势磅礴的檄文里，他写有这样的语句："入门见嫉，蛾眉不肯让人；掩袖工谗，狐媚偏能惑主。"这正好道破了武则天的心思，她会心地笑了。接着是"虺蜴为心，豺狼成性。近狎邪僻，残害忠良，杀姊屠兄，弑君鸩母……言犹在耳，忠岂忘心？一抔之土未干，六尺之躯何托！"武则天变色问道："作者是谁？"左右回答："骆宾王。"武则天感慨地说："这样的人才，却使他流落不遇，这是宰相的过错啊！"挨骂的武则天也不得不佩服他的才情。

但是，徐敬业的"义军"土崩瓦解之后，骆宾王不见了。有人说他被杀，有人说他投水自杀，还有人说他逃跑了。

《旧唐书·骆宾王传》记载"敬业败伏诛"。还有《资治通鉴》记载："敬业大败……其将王那相斩敬业、敬猷及骆宾王首来降。"这是

黄釉加彩绘贴金文官俑 唐

常说的"被杀说"。

《朝野佥载》认为是"自杀"，"后与徐敬业兴兵扬州，大败，投江水而死……"

《骆宾王文集》序中说"文明中，与嗣业于广陵共谋起义，兵事既不捷，因致逃遁"，《新唐书·骆宾王传》则说"敬业败，宾王亡命，不知所之"。两书都认为骆宾王是逃亡了。

他死800年后，有人在江苏南通城东黄泥口发现了一座古墓，墓碑上刻着"骆宾王之墓"。雍正年间，一个名叫李于涛的人说，扬州兵败之后，眷属逃窜几尽，李纲同骆宾王一起隐居在邗之白水荡，后来，骆宾王客死崇州。崇州就是江苏南通。"逃逸说"得到了验证。

也有人认为他逃逸时并不是隐居当老百姓，而是出家当了僧人。而当时的诗人宋之问在杭州灵隐寺还见过他。

虽然是传说，但也从一个侧面说明了骆宾王逃逸之说比较准确。至于他逃亡后是僧是民，就难以考证，成为千古之谜。

武则天像 版画

此画上题"入门见嫉，蛾眉不肯让人；掩袖工谗，狐媚偏能惑主。"传说武则天见此两句非但不怒，反而叹服骆宾王才高一世，未被大臣幕僚发现。

◆中国历史未解之谜◆

中国历史未解之谜

唐代诗人李白死亡之谜

太白醉酒图 清 改琦

集诗仙、酒仙于一身的唐代诗人李白是杰出的浪漫主义诗人，关于他的死，后人有多种说法。概括起来，一种说法认为他是死于疾病；另一种说法则带有浓厚的浪漫色彩，那就是认为他死于"揽月落水"，即溺水说。

李阳冰为李白诗集写的《草堂集序》说李白是病死的，以后的碑碣著述多沿用此说。范传正的《墓铭》中即有"至今尚疑其醉在千日，宁审乎寿终百年"的文字。李白嗜酒成性，特别到了晚年，"狂饮"更是他生活中的一个重要组成部分，所以醉而致疾极有可能。晚唐诗人皮日休作《李翰林诗》（《七

爱诗》之一），其中有"竟遭腐胁疾，醉魄归八极"的说法，明白地指出李白因醉得疾。郭沫若考证说，61岁的李白曾游金陵，往来于宣城、历阳二郡间。李光弼东镇临淮，李白曾决定从军，到了金陵发病，只得半途而返，此时李白处于"腐胁疾"之初期，估计当为脓胸症。郭沫若又说，他62岁在当涂养病，脓胸症慢性化，胸壁开始穿孔，成为"腐胁疾"，十一月卒于当涂。

《旧唐书》上则说，李白因为饮酒过度，引发疾病，而死于宣城。这种说法也有一定的道理，纵观李白一生，坎坷流离，经历曲折。爱酒，爱月，恃才而狂，傲视权贵。他才气冲天，却命运多舛。晚年穷极悲苦却又不甘寂寞，常感慨自己的一生。他胸怀大鹏之志，却只能听任命运之神的安排，发"中天摧兮力不济"的不堪、"白发三千丈"的幽怨，没奈何，只得呼酒买醉，可惜"举杯消愁愁更愁"，大量的酒精已经使他的肌体受到侵蚀损害，但他仍贪杯，直至病入膏肓而不可救药。推断其死因，人们认为他族叔李阳冰的话应该是可信的。

李白"溺死"说也有一定的依据，五代王定保《唐摭言》说："李白着宫锦袍，游采石江中，傲然自得，旁若无人，因醉入水中捉月而死。"宋代洪迈《容斋随笔》中记

四川江油太白故里

上阳台帖 唐 李白

受他的死与月亮有关之说。但李白究竟是因"揽月落水"而死，还是发病而死，只有诗人自己知道了。

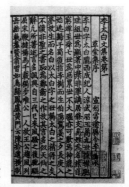

《李太白文集》内页

载类似，不过在前面加了"世俗言"三字。"世俗言"的意思是这是民间的一种出于美好的想象而产生的传说。值得一提的是，这种带有浪漫色彩的民间传说的出现，是在李白去世不久，而不是在王定保或洪迈的记述之时就已广为流传了。到了元代，王伯成编《李太白流夜郎》杂剧，其中有李白落水的说法。虽然艺术无法与现实等同，但其出处也有一定的真实性。

对于李白诗歌的爱好者来说，他们更愿意相信李白是"揽月落水"而死。因为他有许多诗是写月的，他把月亮看成是高尚皎洁的象征。所以人们愿意接

粉彩李白醉酒图花盆 清

◆中国历史未解之谜

北宋名妓李师师死亡之谜

李师师像

看过《水浒传》的人可能都知道，宋江在要归顺朝廷时，苦于没有门路，最后无法，只得托李师师打通关节。当然，这是小说家虚构的情节，但现实中的李师师是怎样的呢？原来李师师是北宋末年誉满京华的名妓，她本姓王，4岁亡父，只得入娼籍李家，后因才貌双全，善词曲，工歌唱，名噪汴京。她与当时的皇帝宋徽宗的交情不一般。宋徽宗就是在一次微服出游中结识李师师的。

后来徽宗将李师师纳入后宫，一个是风流皇帝，一个是风情万种的妃子，二人无比恩爱。只可惜，好景不长，金人入侵，徽宗被掳，而李师师就不知下落如何了。于是有人推断，这样一位绝代佳人，即使想要从此平静生活，似乎也不太可能。即使遁入空门，但是金人野蛮，又怎会任其安然生活。南宋时就有人作了一篇《李师师外传》，交代了

迎銮图 南宋

徽宗去世以后，金人才允许其尸骨南归。此图描绘的是南宋君臣迎接徽钦二帝灵柩的情景。

宋徽宗像

她的下落，说她为宋徽宗殉情。

《李师师外传》中说，金人攻破汴京后，金主帅挞懒派人去找李师师，但找了很多天都没找到，张邦昌等人跟踪李师师，最后捉了她送到金军大营。李师师大骂道："以我一个卑贱的妓女，受到皇上宠爱，宁愿死也不迎合这些金人。你们这些高官显贵，朝廷有什么对不起你们的，你们却事事不为社稷子孙着想！"于是拔下金簪自刺喉咙，没死成，于是折断金簪吞下而死。作者因而说道："看李师师后来的事迹，慷慨激昂似侠士，不能不说是出类拔萃的女子。"后来清人黄廷鉴对李师师为徽宗殉情的事也极为赞赏。

但是，关于《李师师外传》中所说的李师师为宋徽宗殉节一事，后人异议颇多。鲁迅称这篇外传只是传奇而已，不足为据，其他许多人也持否定态度。邓广铭教授在《东京梦华录注》中说《李师师外传》"一望而知为明人妄作"，彻底否定其真实性。但这些说法也只是推测而已，没有明显的文献资料可以证明李师师并没有为宋徽宗殉情。

还有另一种说法则说汴京失陷后，李师

芙蓉锦鸡图 宋徽宗

宋人狎妓图

师被俘北上，嫁给一个身有病残的老兵为妻，耻辱地了结一生。

作为一个与亡国之君有关系的绝色女子，李师师的情事必然会涉及国事，因而其下落究竟如何，只能任由后人评说了。

中国历史未解之谜

宋代杰出女词人李清照晚年有没有改嫁？

李清照像

李清照，宋代杰出女词人，号易安居士，北宋著名学者李格非之女，21岁嫁名士赵明诚，夫妻相得，皆好学能文。李清照在丈夫赵明诚亡故以后，是否改嫁张汝舟，成了后代学者深究而不得其解的历史之谜。

到了近代，有不少人提出李清照改嫁一事不存在。况周颐对张汝舟、李清照在赵明诚死后的行踪进行了考证，证明两人踪迹判然，当然不足信改嫁之事。黄墨谷几次著文为清照"辩诬"，对俞正燮等人的观点表示赞同，也将自己的不少看法提了出来。这些看法主要有以下几点：第一，黄墨谷对其他宋代李清照改嫁情况的记载提出异议。照他看来，宋代这么多人记载李清照改嫁一事，可是，赵明诚的表甥，又是綦崇礼的儿女亲家谢伋在他的著作《四六谈麈》中不但不提李清照改嫁一事，还称李清照为赵令人李，

西湖雪景
李清照绍兴五年又由金华回到临安，在西湖边度过晚年。

并且引了李清照对明诚表示坚贞的祭文，"坚城自堕，怜杞妇之悲深"。第二，黄墨谷对李清照自传性文章《后序》提出了自己的看法。她提出，按照历法和宋代著作《容斋四笔》、《瑞桂堂瑕录》的记载，《后序》应当作于绍兴五年，这时张汝舟已经除名三年了。换句话说，即使清照有改嫁一事，《后序》中也应该提到。除了上面这些说法外，黄墨谷认为谈论清照改嫁一事，不应该摒弃她的自传性文章《后序》所反映的内容，也不应该摒弃她的诗、词、文章和生平事迹。李清照曾经讲过类似"虽处忧患而志不屈"等述志的话，她在明诚死后又为颁行《金石录》耿耿于怀，在68岁时还上表于朝。这些情况，也极好地证明了清照并没有改嫁。

轩窗听雨图 宋

另一些学者不赞同俞正燮、黄墨谷等人观点。他们认为，在记载清照改嫁的材料中，"就时间而论，胡仔、王灼、晁公武、洪适都是清照同时代人。就地域论，胡仔、洪适之书，一成于湖州，一成于越州，并不是去天万里，而胡仔、王灼成书时清照仍然健在。要说在清照生前他们就敢明目张胆地造她的谣言，

泛舟仕女图

伪造《谢启》，这是不近情理的。南渡后明诚的哥哥存诚、思诚都曾做到不小的官，赵家那时并不是没有权势"（黄盛璋《李清照事迹考辨》）。针对《谢启》的真伪问题，黄盛璋提出，李清照"颁金通敌"冤案发生在建炎三年，从《谢启》中提到的"克复"、"底平"和称綦崇礼为"内翰承旨"等情况看，《谢启》当作于绍兴三年以后，因为建炎三年，朝廷正在仓皇避乱，不可能看"克复"、"底平"等事。再说，当时綦崇礼只担任中书舍人的官职，此职不能冠以"内翰承旨"的头衔。由此可见，发生在建炎之年的"颁金冤案"与《谢启》风马牛不相及。

有人提出张李二人在明诚卒后到汝舟踪迹判然，黄盛璋对此提出，从宣城、广德经吴兴有一条"独松岭道"，故不能肯定张汝舟是否去过杭州。黄盛璋还根据宋代社会习俗分析改嫁一事，他认为，明清两代妇女守节才趋严格。《宋史·礼乐志》中对治平、熙宁年间诏许宗女、宗妇两嫁之事有所记载。可见，宋代视改嫁为平常之事，宋人自然就不会惊诧于李清照改嫁一事了。

中国历史未解之谜

唐伯虎点秋香之谜

唐伯虎点秋香　年画

明代吴中才子唐寅，字伯虎，号六如居士，他恃才孤傲，放浪不羁，每每遇到开心之处，则纵情开怀，放浪形骸。民间就流传有"唐伯虎点秋香"的故事。

唐伯虎的确曾为一个女子隐名为佣。这在《中国野史大观》中有记载，但只不过这位女子并非叫秋香，而叫桂华，是当时锡山华虹山学士府中的一名女婢，深得华夫人喜

爱。唐伯虎对她一见钟情，因而以一才子屈身为佣，最终赢得了美人归。所以说，"唐伯虎点秋香"可能就是唐伯虎赚妻桂华这一故事的演变，唐伯虎没有点秋香，但是点了桂华。

一天，唐伯虎出去游玩，碰见了在华府为奴的桂华，对她一见钟情。从此唐伯虎怎么也摆脱不了那个漂亮女婢的身影，最终想

苏州盘门
江南自古就是才俊辈出之地，明朝中期的吴中四士：唐寅、文徵明、祝枝山都出自此地。

到一个办法，就是到华府隐名为佣，改名华安伺机而动。

他到华府先为伴读。结果一手好文章让华学士对他刮目相看，将他留为亲随，掌管文房。一应往来的书信，均令华安处理，没有不合华学士心意的。因此，华学士对华安更加器重，恩宠有加。

不久，掌管华府典铺的主管不幸病逝，华学士便让华安暂时先代管其事，掌管典铺。华安不负所望，典铺的出纳账目有条有理。华安的工作也特别小心谨慎，秋毫无私。

华学士非常满意华安的工作，意欲将其升任为典铺的主管。但唯有一点使华学士不很放心，华安眼下尚是孤身一人，没有妻室，万一哪一天他一走了之的话，委任其主管这样的事务，岂不是有点儿用人不当？

华学士觉得眼下这样还很难对华安委以重任，必须等到华安有了妻室，心真正安定下来才好，于是找媒婆，商议起为华安择偶婚配的事情来。

最终，华安和桂华终于在华学士及其夫人的鼎力帮助下，拜过花堂，适时完婚。婚后二人情投意合，恩爱日深。

其实，早在20世纪80年代就有人指出唐伯虎并没有点过秋香，如苏州市文联段炳在《光明日报》上写过：唐寅并未自称过"江南第一风流才子"，未点过秋香。唐在29岁时的科场冤案过后，本想以"功名命世"的他变成了一个"春光弃我竟如遇"的感伤者，变成了一个"猖狂披鬓卧茅衡，万里江山笔下生"的失意者。在这种潦倒落魄的窘境里，曾经自谓"布衣之士"的唐伯虎决不会说出"江南第一风流才子"之类自大之语的，更无心去干什么三笑点秋香之事。

因此到底真相如何，也就不得而知了。

吹箫仕女图 唐寅
美人神情寂寞，意兴萧索，莫非是唐寅自己心境的写照。给落魄才子安上点秋香的风流故事，是后人的误会还是对他的安慰？

中国历史未解之谜

明末名妓柳如是为何自缢身亡？

柳如是像

柳如是祖籍浙江嘉兴，原姓杨名爱，小字影怜，号蘼芜君，后改姓柳，名隐，又改名是，字如是，号河东君、我闻女士。康熙三年（公元1664年）五月二十四日，其夫83岁高龄的钱谦益溘然长逝；随后几天，柳如是即悬梁自尽。那么，这位明末名妓自缢身亡的真正原因是什么呢？后人大致有以下几种不同的观点。

传统说法认为柳如是是为钱谦益殉节而死的。有人认为，这可以从两人的结合和婚后情况来证明。常熟人钱谦益学识渊博，誉满海内，柳如是对他慕名已久。两人经过一段时间的唱和，加强了彼此了解，增进了友谊，感情很好。第二年春天，两人终于结为夫妻，在从松江回常熟的船上成婚。虽然当时柳如是才24岁，正值青春妙龄，而钱已是年届花甲的白发老翁，但两人婚后感情还算不错，常在一起旁征博引，订讹考异，间以谐谑，琴瑟和谐。钱谦益曾经是"东林党"领袖，在社会上的知名度极高。钱谦益死后，柳如是为他殉节是可以理解的，也在情理之中。

也有人认为柳如是之死是为了抗争恶势力。学者楚南等人认为，柳如是自杀的壮举显示了她对封建制度的大胆抨击，钱谦益人生中有几大污点，柳如是是极为不满的，顺治元年（公元1644年）李自成攻克北京，崇

歌舞图 明

出殡图 清

祯帝自缢身亡。五月，福王朱由崧由马士英带到南京，称监国，不久称帝，钱谦益因谄事马士英，被起用为礼部尚书。第二年，即弘光元年五月，清兵渡江，弘光逃跑，钱谦益及总督京营戎政赵之龙、大学士王铎等迎降。这是钱谦益人生道路上的两大污点。对此，柳如是常心怀不满，多有讥讽的话，并曾多次劝钱谦益自尽，均未果。当钱暮年不得意而说"要死"时，柳讥讽他说："当初不死，现在已经晚了。"因此，柳如是未必一定会为钱谦益殉节。另外柳如是一生历尽辛酸曲折，她始终在追求获得人的尊严，在这方面她宁为玉碎，不为瓦全。

还有人认为柳如是被逼自尽的。钱谦益死后，家族中迅速爆发了一场争夺家产的斗争，即所谓"钱氏家难"。在钱氏家族看来，柳如是以钱谦益妾的身份掌握家政大权是莫大的耻辱，他们早已积怨在胸，现在钱谦益去世，顿感柳已失去依靠，立即爆发了一场家变。于是，族人钱曾、钱谦光等人在恶霸豪绅钱朝鼎的指使下，趁钱谦益新丧，大吵大闹，敲诈勒索，逼迫柳如是交出房产钱财，甚至掠夺田地 600 亩，僮仆十几人；柳如是来钱家 20 余年，一直大权在握，从没有受人之气。如今，丈夫的尸骨未寒，便遭到无耻小人的当面凌辱，如何忍受得了，在进退无门、忍无可忍的情况下，她仍镇定自若地对早晚坐逼的族人说："稍静片刻，容我开账。"然后，她独自登楼，紧闭房门，悬梁自尽。她写下遗嘱，打发长子钱孙爱、女儿和女婿等上衙告状。因此，《中国历代才女小传》等书都认为柳如是实际上是被族人追逼而自杀的。

但是，明末名妓柳如是自杀的真正动机到底是什么，至今仍是一个众说纷纭的谜，尚无定论。

中国历史未解之谜

香消玉殒落何方——陈圆圆归宿之谜

陈圆圆像

"冲冠一怒为红颜",清人吴梅村的《圆圆曲》向我们展示了一代奇女子陈圆圆的传奇经历。在那明末清初的动荡岁月中,在一系列重大历史事件的背后,陈圆圆是一个既有许多浪漫气息,又充满时代悲剧性的红颜女子。她的最终归宿至今仍是一个谜。

还有一种说法说是陈圆圆在山海关之战后,就一直跟随吴三桂,当吴三桂被封为平西王时,陈圆圆也得专房之宠。当清兵攻破昆明城时,吴三桂之子吴世璠服毒自杀。而吴世璠妻与陈圆圆均是自缢而死,或说其绝食而死,孙旭的《平吴录》就说吴三桂叛乱失败时"桂妻张氏失死,陈沅及伪后郭氏俱自缢,一云陈沅不食死"。《平滇始末》也说:"陈娘娘(圆圆)、印太太及伪后郭氏,俱自缢。"

此外还有一说是陈圆圆在吴三桂败后,并没有自杀或绝食而亡,而是出家做了尼

姑。但对于她于何时何种情况下出家,说法不一。有说是清兵攻破昆明时,吴将马宝护送陈圆圆及其子吴启华逃亡到贵州恩州府岑巩,从而在此定居下来,并取名叫马家寨。陈圆圆母子一直隐姓埋名,死后便葬于此地。其墓有碑文曰:"故先妣吴门聂氏之墓位席。孝男吴启华媳涂氏立。""吴门聂氏"指的就是陈圆圆。也有的说陈圆圆当时在昆明宏觉寺削发为尼,后逃至城西三圣庵为尼,法名寂静,一直活到康熙二十八年之后,寿至八十而亡。还有的说是陈圆圆随吴三桂到云南后,处处遭吴三桂正妻的嫉妒,而当时陈圆圆开始人老色衰,与吴三桂发生分歧,一气之下便求为女道士,得到吴三桂应允后,便离宫入山。按当时情况,陈圆圆出家也有可能。

一代奇女香消玉殒,魂落何方还有待进一步证实。

吴三桂斗鹌鹑图

宗教

中国历史未解之谜

僧人达摩是少林寺拳法的鼻祖吗？

达摩图 明宪宗

图绘达摩一苇渡江的故事。达摩是菩提达摩的简称，是中国佛教禅宗的创始人。相传为天竺（南印度）人，于梁普通元年（公元520年）入华，梁武帝迎至建业。据传因与梁武帝话不投机，面壁九年而化，传法于神光（慧可），于是禅宗得以流传。图中表现的正是达摩足踏苇叶渡江往魏的情景。

少林寺在中国历史上盛名远扬。少林武术向来有南北之分，北有河南嵩山，南有福建泉州少林拳著称。可是，泉州少林寺被毁于兵祸国难之中，着实令人心痛。中国少林武术，从来就是一个整体，其实可以归二为一，应该是一个少林，那就是"中华少林"。

但是，中国少林拳法的鼻祖是谁？关于这一点素来有许多说法。一说法是南北朝后期泛海来中国传教的天竺僧人达摩，一说是公元502年比天竺僧人早7年来中国传教的南印度香至国三王子菩提达摩。但是，前者有"创拳"祖师的传说，后者有"传拳"祖师的传说。那到底中国少林拳法"创拳"或"传拳"的鼻祖是谁？这给后人留下很大疑问。

说中国少林拳法鼻祖是南北朝后期泛海来中国传教的天竺国僧人达摩，也不是凭空捏造的，有一定理论根据，嵩山"碑林""少林初祖达摩颂"上刻"嵩山少林道场，达摩初祖之居地"（人民日报出版社1985年4月2日出版的《台港与海外文摘》总第6期第35页）。据民间传说，大约1300多年前，公元685年，"在南北朝后期，有一个叫达摩

登封少林寺

少林武僧壁画 明

的天竺僧人从海路来我国传教，先在南方，后辗转到北方"。但中国佛教史上却无这些记载，美国《世界日报》1984年11月11日的《残留在印度的古少林拳法》一文（见《台港与海外文摘》1985年第4期）中却有一段很长的论述："少林拳源自中国河南省登封县少室山北麓的少林寺……少林寺建于北魏孝文帝太和二十年（公元468年），孝文帝为了礼敬跋陀（佛陀）禅师而建立，成为中国佛教史禅宗发源地。达摩于梁武帝大通元年（公元527年，比民间传说早198年）渡海到广州，梁武帝即派人迎至建业（南京），可惜二人话不投机，达摩遂渡江到北魏，于少林寺面壁九年，使少林寺成为少林拳的发祥地，达摩则被尊为禅宗东土初祖。达摩在少林寺传法，许多修行僧人体力不支，纷纷另求他处。达

摩发觉这样不是办法，因此精心研究'洗髓经'和'易筋经'以传授门众，成为少林拳的由来，于是有'达摩创拳'的说法。"

还有一种说法认为中国少林拳法鼻祖是南印度香至国（现今塔米尔省的康吉普拉姆地方）的三王子菩提达摩。菩提达摩于梁武帝普通元年（公元520年，比天竺国僧人达摩早来中国7年）从海路到达中国广州，后来又到了嵩山，开创了拳法。如果这是事实，那么，南印度香至国菩提达摩才是中国少林拳法的鼻祖。

有一些明智的学者怀疑"天竺僧人达摩"与"南印度香至国菩提达摩"是一人，但如是一人，为何来中国时间又差异那样大？如果这是事实，那么，相同之处是二人都是泛海来中国辗转到少林寺。但中国少林拳法是达摩创，还是菩提达摩所传？他们谁是少林拳法的"鼻祖"？这些问题尚在考证之中。

在嵩岳寺塔旁习武的少林僧人

少林武术源远流长，千百年来被奉为武林正宗，至今，仍在海内外有着广泛而深远的影响。

中国历史未解之谜

佛教禅宗真的有木棉袈裟吗？

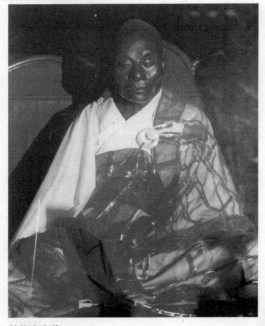

慧能真身像

此像为慧能圆寂后，其门人将肉身胶漆所成的像。他留给后人的是主张"顿悟"的新禅宗和为人津津乐道的木棉袈裟的故事。

木棉袈裟是达摩从天竺带来的一件木棉布僧袍。因西土禅宗历代师传都以木棉袈裟为凭，他带木棉袈裟来华是想将禅学正宗传入东土。达摩被尊为东土禅宗之祖后，木棉袈裟也就成了代表法嗣正传的禅门宝物。当年，禅宗二祖慧可付出断臂代价，才得达摩信任并将袈裟传他，其后历代祖师都把袈裟看得比生命还重，决不随便示人，更不轻易相传。禅宗五祖弘忍曾在蕲州黄梅双峰山东山寺传达禅宗心法说"东山之法，尽在秀矣"。

所以东山弟子们都认为禅宗六祖位置非禅秀莫属。那木棉袈裟自然也要传给他。

但世间事往往出人意料，弘忍却没有简单草率地传他的袈裟。他的心中，还有一个默默无闻、不为人知的传衣人选。他入门较晚，尚未剃度，而且是个不识字的文盲，名叫慧能。

他在夜里偷偷召见慧能，细细给他讲解了《金刚经》要旨，并让他带袈裟火速逃回原籍，等待机会光大禅宗。慧能谨遵师命，连夜南逃。弘忍为使慧能免遭他人毒手，还亲自把他送到渡口，直到三日后才在门徒的追问下宣布慧能已经南去。

慧能南逃后，广收弟子，聚集门徒，开创了禅宗南宗一派。同时，以禅秀为首的一派则成为与之对立的北宗。

正是木棉袈裟导致禅学的分裂。南宗以慧能为师，主张顿悟；北宗以禅秀为师，主张渐修。当时称"南能北秀"。后来，女皇武则天向慧能索取了达摩所传的木棉袈裟，另赐一件袈裟和五百匹绢。慧能把御赐袈裟

六祖使用过的钵盂

《六祖坛经》的部分版本

千佛袈裟 明

当作达摩袈裟继续珍藏，以示禅学正宗所在。他临终前允许十大弟子各立门户，并声明不再传衣，并坦率地告诉弟子停止传衣是为了保护受衣人的生命安全，不传法衣仍然可以弘扬禅宗佛法。

经南宗改造后的禅宗，与中国玄学有所合流。讲求佛在心中，不须出家修行，也不用去管佛门的清规戒律，只要谈禅就可以了，那么，这种禅学更加合乎中国文人士大夫口味而深受欢迎。加之南宗又有袈裟壮理，国情支持，于是便顺理成章地战胜北宗成了禅宗的正统。

南华禅寺

南华禅寺为中国著名佛教寺庙，也是慧能祖师真身像所在地。

中国历史未解之谜

佛门舍利子是怎样形成的？

如来坐像

苏州的虎丘塔内发现迦叶佛舍利，这在全世界还是第一次，弥足珍贵。据传，佛陀释迦牟尼逝世后，遗体经弟子阿难等人火化后，获得舍利子，据说分成三份，一份升天，一份入龙宫，一份留存人间。它在人间的那一份，由摩揭陀等8国均分，各建佛塔以永久纪念。目前在我国陕西扶风和北京尚珍藏佛指舍利和佛牙舍利。

但是舍利子是如何形成的？千余年来，这一直是佛学者和医学、生物界研究者的一个重要课题，迄今为止，产生了多种说法。

有一种说法认为：气功家在练气功过程中，在调神、调息和调身的气功三要素要求下，人的思维活动长期处在运气自如、恬淡虚无的绝对入静境界，最大限度地获取自然界的真如能量，达到天人合一，内外身心充分融洽，精气神相互转化，从而生发出大无外、小无内的混元（阴阳环抱的太极）现象，这样全身的精力和物质力量逐渐凝结聚集就出现舍利子。但这种说法似乎太过玄乎。从历史文献和气功实践来检验，不论是中国的儒释道各家气功还是印度的瑜伽术，都从未发现有人在练气功而在死后火化发现舍利子的现象，即使在道家的经典或史籍中也没有这类事实。也许神仙早已羽化而不必火化吧。所以，这种理论显然漏洞百出。

香港某报曾发表《佛门舍利子本是钙化结石》一文。该文认为"所谓舍利子，其实是人体内的结石，尤以肾结石和胆结石为多"，文中还揭示了舍利子的形成原因："因为僧人起居以坐为主要姿态，而吃进体内的又多是植物纤维，

广济寺佛牙舍利塔

不易消化，加之长期取坐姿，体内纤维堆积过多，久而钙化成结石。"文中还举出了实证的例子：最近在香港圆寂的保贤法师，火化后发现八九十粒舍利子。但是仍然存在着一个疑点：保贤是否有结石病。

著名老中医董竟成在《法音》撰文，指出：有些以坐禅甚至通宵坐禅而不卧为修持的僧人，他们吃的也是素食，多是植物纤维，他们死后火化，却不一定发现舍利子，而不长期坐禅和没有长期素食的人也能出现舍利子。据资料记载，有些整天卧床吃素念佛的老妪死后火化也有出现黑色舍利的，这就证明了舍利子的形成与长期取坐姿和素食没有必然的联系。

佛教典籍对舍利子的产生的解释当然与上述几种不一样。据《元镭绩霏雪录》记载："舍利，按佛书室利罗，或设利罗，此云骨身，又曰灵骨。有三种色，白色骨舍利，黑色发舍利，赤色肉舍利。"又《金光明经舍身品》说："此之舍利，乃是无量戒定慧香之所熏

法门寺舍利子（佛指骨）

法门寺位于西安附近。据说释迦牟尼死后遗骨被分散为108份，现在印度存有头盖骨，西藏有一些佛牙，法门寺存有指骨等。

馥。佛家也就沿着这种说法而发挥。"台湾圣严法师认为："肉食者死后火化也有舍利子，此与肉食与否无关，凡是修定或是凝心、慑心而达到修身目的的人，烧了会有舍利子。通常说要修持戒、定、慧三学的人，才有舍利子。但是舍利子本身是人体分泌物结晶，它有若干程度的神圣和神秘，为佛教徒所重视，但未必是佛教徒的大事，因为这还是属于界内色身的变化，终究不出无常的范围，这才是圣者所重视的。"

关于人死后火化出现舍利子的科学原理，目前还没有一个可靠的说法，还需要医学、生物学尤其是佛教界的相互配合与一同研究。这正如钱学森同志在论气功时所说的："这将是一场改造人类的革命，当然是不得了的事。"这项研究将对人类自己的生命起着重大的作用。

佛祖涅槃图 印度

中国历史未解之谜

寺庙撞钟 108 响之谜

佛像钟 清

"姑苏城外寒山寺，夜半钟声到客船。"在我国的寺庙中都有撞钟的传统，并且撞钟次数也有严格规定，那就是撞 108 次。这 108 声，在我国已敲打了千年以上。在我国苏州市寒山寺，每年除夕撞钟 108 下。该寺在除夕之夜 11 时 42 分开始撞钟，当敲到 108 下时，恰是凌晨 0 时 0 分，预示来年的到来；而在受中国文化的熏陶的日本，全国寺院在除夕夜也是敲钟 108 下。因为在中国古律声学中，"徵"的律数为 108。

撞钟为何撞 108 次呢？难道仅仅因为

寒山寺的大雄宝殿

雍和宫法轮殿

在今北京市东城区。殿内所藏的大藏经正好是108部。中国文化对这一数字似乎有某种偏爱。

"徵"的律数是108吗？诸多学者为解释这108次钟响，努力研究，力图找到科学的答案。汇集这些前人的成果，分析起来共有三种说法：

第一，据麟庆《鸿雪因缘图记》记载：

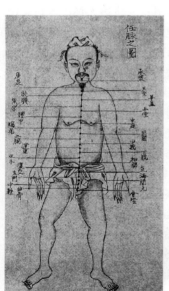

任脉图

这是古人绘制的任脉穴位图。在中国武术中，人全身的穴位有108个。

"钟声之数取法念珠，意在收心入定。"该书又载，"素闻撞钟之法，各有不同，河南云：前后三十六，中发三十六，共成一百八声；京师云：紧十八，慢十八，六遍凑成一百八。"撞钟108响是给108位神佛歌功颂德，并可以消除人们108桩烦恼忧愁，因此"108"成为了佛的象征。所以为了表示对佛的虔诚，人们往往撞钟108下、念经文108遍或拨动一遍108颗佛珠。

第二，按照《周易》说法，"九"数含有吉祥之意，108是9的倍数，将"九"的吉祥之意推向了极限，象征至高无上。黄烈芬认为："一百零八也是一种文化运动的象征，是易经中思想的演化。在易学中，天一地二天三地四天五地六天七地八天九地十。天为阳，地为阴，阳中九为老、七为少，阴中六为老、八为少老变而少不变。故阳爻称九，阴爻为六。一百零八，其和为九，九九归一。一主至高无上的天。"

第三，郎瑛的《七修类稿》中说："撞一百零八声者，一岁之意也。盖年有十二月，二十四节气，七十二候，正是此数。"这就是说将12加上24再加上72恰好是108。108这个数字经常出现在我国文史古籍中：《水浒传》中齐聚梁山好汉108位；在中国武术中，有108个穴位；泉城济南有趵突泉点108个；拉萨大昭寺殿廊的初檐及重檐间有108个雄狮伏兽；北京天坛祈年殿每层有石栏108根；北京雍和宫法轮殿内放的大藏经刚好是108部……这些108的含义如何，是表示对佛的崇敬还是什么，还有待深思。

中国历史未解之谜

谁是第一个泰山封禅的帝王？

泰山

《纪泰山铭》碑
唐开元十三年（公元725年），唐玄宗登泰山，第二年御书《纪泰山铭》，削崖为碑，刻于其上，俗称"唐摩崖"。

泰山封禅被中国历朝历代定为国家大典。它是中国历史上封建帝王的一项极为隆重的政治活动。而且，泰山封禅也是国家兴盛、政权稳固的标志。那么，泰山封禅始于何时呢？

对于这个问题，历史上有下列几种说法：

第一种认为泰山封禅应起于无怀氏以前很久的时代。

《尚书序疏》说，在上古时代泰山封禅者万余人，仲尼看后不能尽识，所识仅12家。因上古登封者皆"刻石纪号"，年代很久远的字有损毁，所以难以识别。孔子观而不识者又比管仲多。

由此我们可以看到：古代帝王封禅应该开始于无怀氏以前很久很久的年代。那些部落酋长在登泰山祭祀时都"刻石纪号"，到管仲、孔子时代，就已经有许多无法识别了。

第二种说法认为是从黄帝开始。《韩非子·十过篇》记载："黄帝大合鬼神于泰山之上。"这儿韩非所记载的鬼神，实际上应是当时各部落的酋长们。在《史记·五帝纪》中也曾记载黄帝时，"万国和，而鬼神山川封禅与为多焉"。意思就是说，黄帝时天下太平，在自古以来的帝王中，只有黄帝登泰山封禅祭祀时山川鬼神最多。

第三种说法认为从禹开始。我国最古老的一部公文汇编史书《尚书》中《舜典》记载："岁二月，东巡守，至于岱宗，柴，望秩于山川。"《礼记·王制》也有相类似的记载。司马迁虽然也引证了管仲对齐桓公讲述无怀氏等封泰山的事，但《史记》中确切记载古代帝王封禅活动，却是由舜开始写起。

最后一种说法认为从秦、汉开始。隋代王通对自古帝王都封禅的传统说法提出质疑。他明确地说：封禅非古制，实从秦始皇、汉武帝开始。清代马端临对王通的说法表示赞同。马端临指出：无怀氏至三代即封禅的说法，"盖出齐、鲁陋儒之说，《诗》、《书》所不载，非事实也"。而秦始皇、汉武帝登泰山封禅，《史记》、《汉书》都有详细记载。这些不仅在秦始皇、汉武帝本纪里有记叙，而且在《封禅书》、《郊祀志》里也都作了专门记叙，应该是确信不疑的。

文化

中国历史未解之谜

伏羲、女娲兄妹通婚之谜

盘古开天辟地画像砖

图中左为伏羲，右为女娲。他们以人首蛇身的形式出现。伏羲被称作阳帝，女娲被称为阴帝。这构成了一幅完整的中国始祖神话图。

中国古代"三皇五帝"的传说，一直流传至今。伏羲和女娲都位居"三皇"之列。他们是传说中人类的始祖。

伏羲、女娲兄妹通婚的故事，在中国古代传说中也流传得较广。据传，伏羲和女娲是一对兄妹。天降洪水，他们在一个大葫芦里躲过了劫难，然后兄妹结婚，人类便是他们的后代。这个故事是真是假，没有太多的历史记载。唐末李元的《独异志》中有这样详细的记载："昔混沌初开之时，有娲兄妹二人于昆仑山咒曰：'天若遣我兄妹二人为夫妻，而烟悉合。若不，使烟散。'于是烟即合，其妹即来就兄。"

河南唐河曾出土了一幅《伏羲女娲图》，其前均有两朵烟，这是夫妻可以结合的象征。

还有的汉墓画像石上有作交尾状的伏羲、女娲像。伏羲被画成鳞身，女娲被画成蛇躯。他们被比喻成人格化的蛇神和女神。有的汉墓画石上有分别手捧着太阳和月亮的伏羲和女娲。这就是说伏羲是太阳神，是阳精；女娲是月亮神，是阴精；取阳光雨露滋育着万物生长之义。

如今，在陕西省临潼骊山有一座人祖庙，庙里面仍供奉着女娲。这里每年要举行两次祭礼，一次在农历三月三日，一次在农历六月十五日。当地的人们又把这两次庙会称为"单子会"。很多不育的妇女往往趁庙会之时，夹着床单，怀里藏着布娃娃，先到骊山的人祖庙给女娲烧香许愿，然后再偷偷地夜

男女交媾玉雕 石器时代

宿附近的树林中。附近各村的青壮年男子，在晚饭后也多上山，遇到这些不育的妇女，便可就地同居。次日清晨，这些妇女回村时，只能低头走路，不可回顾，否则会"冲喜"。

这种奇异的"野合"风俗，恐怕也是从远古伏羲、女娲兄妹通婚的传说中遗传下来的。

中国远古时，兄妹为什么可以通婚呢？人类最原始的婚姻状态可以对此做出一定的解释。婚姻和家庭观念最初并不存在于人类的头脑之中。当时人类之间是一种杂乱的两性关系。采集、狩猎经济发展起来后，古人们在劳动中开始按照男女、年龄进行分工。随着人类思维的进步使父母开始不愿与自己的子女发生两性关系。最后杂乱的两性关系终于被人类摒弃了。比较固定的血缘群团，又称"血缘家庭"或"血缘公社"发展了起来。作为一个生产、生活单位，它同时又是一个内部通婚的集团。在这里面，祖辈与少辈之间、双亲与子女之间发生两性关系是不允许的，而兄妹之间互相通婚并没有被禁止。这种血缘群婚在人类发展史上经历了以百万年计的漫长岁月。据人类学家考证，在我国发现的云南元谋人、陕西蓝田人均属于分类学上的直立人阶段，大致都处于血缘公社时期。

在我国的少数民族中，如纳西族、傣族、苗族、侗族、壮族、黎族和高山族等，现在还都流传着兄妹通婚的神话。此外，在一些少数民族地区，现在还或多或少地保留着血缘婚的残余。

现代的历史学家，至今还不能断定出伏羲和女娲的年代距今有多长时间。但是，他们一定是生活在原始社会的血缘公社时期。这一点是可以肯定的。而这一时期距今有百万年之久。伏羲和女娲究竟是否兄妹通婚，现有的史料还无法充分证明。

马克思曾说："在原始时代，姊妹曾经是妻子，而这是合乎道德的。"这样看来，伏羲和女娲兄妹通婚似乎更有存在的可能。

伏羲女娲图 唐

◆中国历史未解之谜

中国历史未解之谜

足球是黄帝发明的吗？

太宗蹴鞠图 北宋
蹴鞠是宋代流行的一种体育活动，这幅画描绘了宋太祖赵匡胤、宋太宗赵光义和近臣赵普等一起蹴鞠玩乐的情景。

蹴鞠是中国古代一种类似足球的运动，用以练武。公元前3世纪末的古籍《蹴鞠新书》记载了一个古老的传说：足球是黄帝发明的。

石球 旧石器时代
球类游戏在中国出现甚早，黄帝虽然是神话中的人物，但神话往往也包含了重要的历史事实。谁能肯定蹴鞠就不是这位祖先给我们留下来的呢？

蹴鞠亦作"蹙鞠"、"蹋鞠"。关于蹴鞠，除《蹴鞠新书》的记载外，刘向《别录》也有很相似的记载："蹴鞠者，传言黄帝所作，或曰起于战国时。"足球是否是黄帝发明已经没法考证。不过近代发掘所得，也似乎可以解释中国古代就有类似足球的运动。但它到底是什么时候开创的呢？现在只能推断出它的始创时代可能比战国要早。

1926年，中央研究院的李济教授在山西夏县西阴村灰土岭，发掘到大小不一的纹饰陶球和一个陶制小陀螺。考古专家卫聚贤看过这些实物后，认为这些陶丸大的是玩具，小的则为弹丸。根据考古学家研究的结果，认为这些器物与半坡遗址同期，属于距今约四五千年的新石器时代仰韶文化遗物。

考古研究的发现并不止于此。1934年，李济和梁思永等又在山东历城县城子崖发现龙山文化遗址。在这里，他们发掘到直径2.2厘米的红色陶球，而且在同一遗址第五区黄土凸起处东灰土堆内，发现一堆大泥球，但都已经被打坏。这些大泥球以碳十四法加以测定，约在公元前2800年至公元前2300年之间，属于龙山期文化，在新石器时代晚期。

1954年，在西安半坡仰韶期文化遗址，考古专家们又发掘到一些大小不一的石球。

玄宗打马球图　唐
韦偃
古代也流行着其他的球类
运动。马球是唐人喜爱的
一种游戏。

他们认为：这些石球不但数量多，而且磨得光滑、规则，直径自 1.5 至 1.6 厘米，很可能是弹丸一类的东西。这就产生了疑问：这些到底是弹丸还是玩具呢？如果是弹丸，它们一旦被打出去，就很难得找回来。

以新石器时代的打磨技术，要制成一个弹丸必须费很长的时间，大概要数日。那么新石器时代的古人，会不会把这些费劲做的"弹丸"用来打出去呢？这一点看来是不大合

蹴鞠纹铜镜　宋

理的。又有人认为这些石球是装饰品，可是它们上面并没有穿孔，也着实难以令人相信。

《汉书·枚乘传》有"蹴鞠刻锐"的说法。颜师古注云："蹴，足蹴之也；鞠，以韦为之，中实以物；蹴鞠为戏乐也。"由此可见，金元时寒贱之子琢石为球，恐怕是古代的游戏方法，以其作为某些皮球的代用品。在殷墟发掘工作中没有发现当时可能存有的皮球，而在西安的发掘工作中却发现了石球，也许因为皮制品不好保存，而石球、陶球却可以很好地保存下来。

这些虽然仅仅是主观的推断，没有形成定论。但根据考古发现的种种器物，中国新石器时代即使不一定有足球，也似乎已经有了球类运动。可是公元前 2 世纪司马迁作的《史记》和公元前 1 世纪刘向校的《战国策》，都明确地记载了战国时代齐都临淄人爱好足球运动。史称汉高祖刘邦的父亲丸公，他本人就常常与乡中丰邑"屠贩少年"踢球。刘邦生于公元前 247 年，据此推论，丸公应生于战国之时。当时连小城边邑也流行踢足球了，可见足球运动在当时已经很广泛了。

磁州窑白地黑彩孩儿蹴鞠枕　北宋

中国历史未解之谜

中国汉字的起源是怎样的？

仓颉像

仓颉造字图

汉字是每个中国人在日常生活中最熟悉的事物。然而，汉字究竟起源于何时至今也没有统一的说法。

第一种说法是"仓颉造字说"。

东汉的许慎在《说文解字》中说黄帝的史官仓颉创造了"书契"。"书契"是指刻写在陶坯或甲骨上的文字。原始文字的起源和发展的几个阶段是"八卦"、"结绳"、"书契"。因此，在汉字起源的诸多说法中，以"仓颉造字说"的影响比较大。《荀子》、《吕氏春秋》和《韩非子》等古文献，也都肯定了"仓颉造字说"。

第二种说法是"陶器刻符说"。

仰韶文化陶器记事符号被发现后，不少专家学者认为，这是具有汉字性质的符号。在龙山文化、大汶口文化、良渚文化和二里头文化中出土了一大批带有记事符号的陶器。大汶口文化陶器的一些刻符被解读为戍、斤、斧、炅、旦等字。因此，人们认为，中国汉字起源于陶器刻符。

第三种说法是"殷商甲骨文说"。

持这种说法的学者认为，文字在殷商时才出现——青铜器铭文和甲骨文。因此，殷商时代的甲骨文是现在已知用于记录成句语言系统的最古文字。在商代，甲骨文已具有相当程度的规范化。它不仅在语法结构上为先秦书面语言奠定了雏形，而且在字形上也跟西周、东周、秦、汉文字一脉相承，是相当成熟的文字体系。范文澜也持这种说法。

古代陶器上的刻画符号

古人以日出于东山之上称为"旦"，意为"平明"。

刻有"旦"字的陶器 龙山文化

开始与语言相结合的文字系统在夏启时代已经出现。

但是，这仅仅是推测。因为在考古发掘中还没有发现确凿无疑的夏代文字。中国文字究竟源于何时，到现在为止还是一个谜。

第四种说法是"夏代起源说"。

郭沫若认为，像其他事物一样，文字的产生与发展更应是一个漫长的历史过程。因为殷商时代的甲骨文已很成熟，所以其产生至少应在商以前1000年左右，因此中国文字应该是起源在夏或夏之前。已进入阶级社会时代的夏应当有文字，至少应该有原始文字。在现有的文献资料中，《史记》中的《夏本纪》、《殷本纪》都载有明确的先王、先公世系。它所依据的肯定是古代文献的记载。也就是说，用于记录历史的、

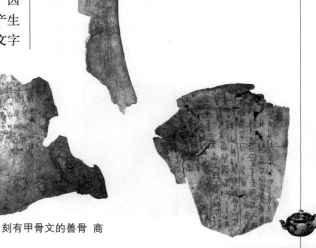

刻有甲骨文的兽骨 商

文
化
篇

中国历史未解之谜

十二生肖是怎样产生的？

十二生肖全图剪纸

2004年，是中国农历甲申年，被人称为"猴年"，这是用"十二生肖"来纪年的。"十二生肖"又称为"十二属相"，是用十二种动物为名称的纪时方法。那么，十二生肖的纪年法是如何创立的呢？它又是在什么时候开始的呢？

彩绘釉陶猪 唐

据传说，在很久很久以前，天上的玉皇大帝为了让人们按时耕作、起息，便想让人们学会纪时。玉皇大帝想选十二种动物作为十二生肖，按顺序每年一个生肖，每十二年又重新开始一轮。消息传出后，天下所有的动物都想成为十二生肖中的第一位，都愿意作为十二生肖之一。于是动物们纷纷赶往天庭，接受玉皇大帝的挑选。玉皇大帝见动物们如此踊跃，很是高兴，为了尽量做到公平，玉皇大帝让动物们举行了一次比赛，胜者即可入选。老鼠因其机敏灵活，跟巨大的大象搏斗时，它钻进了大象的鼻子使大象认输，赢得了所有动物的掌声，并以其聪明灵活被排在了选中的十二种动物的第一位。十二生

十二生肖泥塑 南北朝

76

青瓷狗圈 三国

此釉色略泛黄，色泽晶莹。犬置于圈中央，四肢直立，昂首探视，形象威猛。狗圈是东汉晚期至魏晋墓中常见的明器之一。

白玉兔 隋

肖就这样产生了。

但这只是一个生动的神话而已。真实的情况是什么样的呢？早在距今 6000 年前，我国古代人民就通过对天象的观察发现太阳和月亮一年要会合十二次，而每次会合的位置不同。所以古人将太阳运行一圈的轨道分为十二等分，即"十二宫"，以"子丑寅卯"等相配使用，用以纪年、纪日。"天干地支"

就是这么产生的，"天干地支"纪时的方法非常方便、实用，但还要用十二生肖与之配合，这是为什么呢？

一些史学家认为，这是一种动物崇拜。以十二生肖纪时的原因是因为古代人民非常崇敬动物，对大自然中各种或活泼或凶悍的动物有一种图腾情结。比如我国少数民族像蒙、维、藏族等，均有自己民族的十二兽法用以纪年。在漫长的历史过程中，这种图腾情结就与天干地支联系了起来，后来就用于纪时了。

但各种说法都还没有形成一致的定论。今天，我们虽然仍在使用这种纪时方法，但是十二生肖之谜还未被破译。

虎首 清

雍乾时期，欧洲艺术家郎世宁被聘为中国宫廷画师，并参与设计建造圆明园。他在海晏堂前水池两侧设计了十二只铜铸动物，即十二生肖铜像，这只虎首就是当年十二生肖中的一只。

中国历史未解之谜

甲骨文之谜

大型涂朱红牛骨刻辞 商

甲骨文中的象形字

大约在公元前 16 世纪，商汤灭夏，在中原立国。从此中国历史进入商代。商王盘庚曾五次迁都于殷。直到商纣亡国总共 273 年，商代晚期的统治中心一直在殷。但商朝被灭之后，殷民迁走，殷都逐渐变成一座废墟。殷都的文明也只局限于文字记载上，甚至有人认为那些记载不可作为信史。后来，一连串的偶然事件逐渐否定了这种怀疑。考古者逐渐将殷都积淀的古文明展现出来。

1899 年，北京国子监祭酒王懿荣老先生感到身体不舒服，就买了一剂含有"龙骨"的药物，在准备将这些"龙骨"研碎时，王懿荣发现这些坚硬的东西并不是什么骨头，而是上面有许多划痕的变黄的龟甲。王懿荣是一位研究古文字的专家。好奇心驱使他拿起甲骨仔细地观察。他吃惊地发现这些划痕像是一种文字。他于是将这家药店的全部"龙骨"买下，经过细致研究和考证，断定这种非篆非籀的字形是商代的一种占卜文字。

我们现在已能解释商代的文字为什么要刻在甲骨或兽骨上，为什么这些刻着文字的甲骨碎片总是有许多裂纹或切痕。原来所有这些碎片都是史书上所称的"卜骨"。骨上的裂纹是人们有意用高温加热所造成的。根据商代的习俗，商代人上自王公下至庶民，无论是大事还是小事，都要用这种龟甲和牛胛骨进行占卜。占卜时，就用燃炽的木枝烧炙甲骨的反面凿出的槽和钻出的圆窠，这时甲骨因厚薄不匀而出现"卜"字形裂纹。这些裂纹就是他们判断吉凶的"卜兆"。占卜以后，将所问事项刻记在甲骨之上，这就是"卜辞"。占卜的内容是以当朝国王为中心的，有对祖先与自然神祇的求告与祭祀，有对天象、农事、年成以及风、雨、水的关注，也有对周围各国战争的关注和商王关于旬、夕、祸、福以及田游、疾病、生育的占问等。这样就为我们提供了许多商代历史事件或天

花园庄甲骨坑内的甲骨堆积层

殷墟遗址

刻有甲骨文的兽骨 商

气气象的资料。

　　王懿荣的发现引起了许多中外人士对甲骨的重视。1908年，经罗振玉先生多方查询，才得知甲骨实出自河南安阳小屯一带。伴随着甲骨被确认、购藏和挖掘，古文字学家也开始对甲骨文进行破译。经过众多专家的努力，甲骨片上排列的文字成为可以通读的文句了，从而证实了出土甲骨文的小屯村正是古文献记载的殷墟。因此，一个湮没了3000多年的繁华故都终于在世人面前得以呈现。

　　自1899年发现殷墟甲骨至今，约有15万片以上商代甲骨已出土，现分藏在中国大陆和台、港、澳地区，另有一部分流散到其他国家。殷墟甲骨文内容涉及商代的政治、经济、文化及天文等。可以说甲骨文的发现和破译帮助我们解开了历史上许多难解之谜，而发现的甲骨文共有4500多个单字，还有2/3的文字等待人们去破解。

颂簋 铭文 西周
继甲骨文后出现了刻在器皿上的文字，称为"金文"。

◆中国历史未解之谜◆

中国历史未解之谜

绘画的始祖是谁？

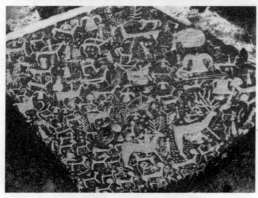

远古时代的岩画

在世界美术史上，中国画独树一帜。中国绘画的起源可追溯到原始社会，其绘画痕迹留于陶器上的各种花纹、图案上，但现代意义上的绘画并非这些花纹、图案。那么，谁是中国画的始祖？中国画起源于何时？我国有很多关于这个问题的传说，古籍上也对此众说纷纭。

"白阜始作图画说"。《画史会要》中说："火帝神农氏，命其臣白阜，甄四海，纪地形而图画之，以通水道之脉。"白阜是传说

中神农氏的大臣，古人在讨论绘画起源诸问题时极少提及此说，因为白阜画的是地形图。

"绘画源于黄帝说"。《鱼龙河图》说："黄帝遂画蚩尤形象，以威天下。"这些可以说是绘画。《云笈七签》又云："黄帝以四岳皆有佐命之山，乃命潜山为衡岳之副，帝乃造山，躬形写象，以为五岳真形之图。"这两者都只能算是画地形图了。

"伏羲氏始作画说"。《周易·系辞上传》云："古者伏羲氏之王天下也，仰则观象于天，俯则观法于地，观鸟兽之文，与地之宜；近取诸身，远取诸物。于是始作八卦，而文籍生焉。"古今都有学者认为，伏羲氏所画八卦的爻象的意义原在图形，因为它们都是象形的。伏羲氏观察天象画出了"乾"，根据大地则画了个"坤"等等。因而伏羲氏所画的八卦乃是中国最原始的绘画。

"绘画始作于史皇说"。史皇是黄帝的大臣。《文选》李善注中说："《世本》云：'史皇作图。'宋忠曰：'史皇，黄帝臣；图，谓图画物象。'"《云笈七签》则称："黄帝有臣史皇，始造画。"说得更为直截了当。在《画史会要》中，黄帝之臣史皇"体象天地，功侔造化"，颇"善鱼"，无一不通，无一不画。黄帝的另一大臣仓颉作文字便是授传于史皇的"写鱼龙龟鸟之形"。

"绘画始于仓颉说"。不仅书法，绘画亦源于仓颉。书画同源是得到我国大多数学者的肯定的。朱德润《存复斋集》云："书画同体而异文……类皆象其物形而制字；盖

字书者，吾儒六艺之一事，而画则字书之一变也。"《孝经援神契》中说道："奎主文章，仓颉效象。"宋均注云："奎星屈曲相钩，似文字之画。"意即"屈曲相钩"的文字实际上就是中国最原始的绘画。

"绘画始祖为封膜说"。《画麈》中指出："世但知封膜作画。"意思是说人们只知晓封膜为绘画之祖。但此说没有根据。唐人张彦远见到《穆天子传》中有"封膜昼于河水之阳"之语后，误把"封"当作姓，又将"昼"解为"画"，并用郭璞的注来证实这一误解，很是牵强，有穿凿附会之意，使后人误传世上曾有过"封膜"其人，并说中国绘画之祖就是封膜。此说实为以讹传讹，故而不足凭信。

"敤首为绘画始祖说"。《说文解字》曰："舜女弟名敤首。"敤首是传说中英雄时代舜的妹妹，她曾"脱舜于瞍象之害"，向两个嫂嫂告发了恶徒们欲置舜于死地的阴谋，救了舜一命。《列女传》盛赞她善画，"造化在心，别具神技"。敤首又名嫘或画嫘。正是由于嫘创造了绘画，所以她又叫画嫘。

然而，敤首的绘画事迹，距今年代久远，某些古籍的记载又缺乏有力的根据，往往带有神话色彩，无从查考。中国绘画的始祖也许是黄帝时代的人物，究竟谁属目前仍是个谜。

人物龙凤图　战国
这是一件葬仪中用以引导死者灵魂升天的铭旌，也是我国现存最古老的帛画。画中女子侧身而立，细腰长裙，广袖宽袍，姿态优美大方，双手合掌前伸，似在祈祷。她的前方和上方各绘一龙一凤，凤鸟昂首奋翼，腾爪扬尾；龙则曲足扭身，其势扶摇直上。整幅画以线条造型为基础，省略了一切背景，静态人物与动态龙凤形成一种对比。

猪纹钵陶器　河姆渡文化
它是砂质的黑陶，两个宽面的外壁都刻有一个形态逼真的猪。

彩陶神人纹壶　马家窑文化
此器为马家窑文化的马厂类型中彩陶神人纹的典型器。图中所绘动物显示了古人丰富的想象力。

◆中国历史未解之谜◆

中国历史未解之谜

孙武到底有没有著《孙子兵法》？

孙子像

《孙子兵法》是不是孙武所作，也许不大重要，人们关注作者之谜，只能说明对这部书的尊重和对先祖的敬仰。

我国古代的军事文化十分灿烂，以《孙子兵法》为其杰出代表。《孙子兵法》又称《吴孙子兵法》，通称《孙子》，为中外人士奉为兵书之鼻祖，相传为春秋吴将孙武所撰。在中国古代，这部经典的兵法著作为军事家的必读书，在宋代官定的军事教科书《武经七书》中位居首位。只有熟读《孙子》、考试合格的从军行武者才能被授武职。《孙

子》传入西方，也有数百年历史。据说拿破仑滑铁卢失败后，曾十分后悔没有早读此书，否则或许能免遭失败。今日经营工商企业的日本、西方企业家，常有使用《孙子兵法》而取得成功的。

然而对于吴国将军孙武到底是不是《孙子》的作者，却有一番争论。战国时《商君书》、《韩非子》等提到过"孙吴之书"，指的是《孙子兵法》和《吴子兵法》，但并未说明作者即是孙武。

汉代司马迁《史记·孙武列传》正式记录了孙武的事迹："世俗所称师旅，曾道《孙子》十三篇，吴起兵法，也多有敌弗论。"他肯定地说《孙子》十三篇为孙武所著。此后千年之间，无人对《史记》之说提出怀疑。但到了宋代，又出现了疑问：历史上是否确有孙武其人？孙武真的写了《孙子》？持怀疑观点的有宋人陈振孙的《直斋书录题解》、叶适的《习学纪言》等。怀疑者们认为：第一，他的名字和事迹有可能是司马迁的误闻或是杜撰，《左传》未提及；第二，一些孙武所处时代不可能出现的名词、事件、状况出现在《孙子》中，例如春秋时代仅称大夫为"主"，臣僚以"主"称国君是三家分晋后的事，而《孙子》中称国君为"主"；第三，《史记》同时记载了齐将孙膑的事迹并有兵法理论，但并未专门说明有《孙膑兵法》，也许是太史公将一书误作二书，一人误作两人。因此，《孙子》或被说成是春秋、战国之时山村处士所写，

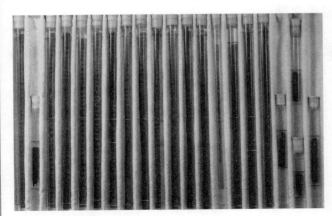

孙子兵法竹简 西汉

苏州虎丘孙武亭

清代的《四库全书总目提要》的撰者等。这些意见认为：严肃、认真的史家太史公在本传中所叙孙武、孙膑事明明白白、翔实可靠，《汉书·艺文志》明确提出古兵法有《齐孙子》（孙膑）和《吴孙子》（孙武），实无可疑。至于《左传》，本身也非完整之历史记录，也有可能出错，不能仅凭其中偶遗之记载即断定《史记》之文字为误谬。《孙子》原文定出自春秋之世，只是后代人在其中窜入了若干涉及后世名物之文字。先秦古籍常有此种现象，即便是《左传》本身，也不例外，《孙子兵法》核心内容的真实性、历史性和孙武的著作权不足以受到影响。

1972年山东临沂银雀山汉墓竹简本《孙膑兵法》和《孙子兵法》的出土，为解决这番争论提供了一些重要的资料，有可能揭开历史真相。因为已考订出墓葬年代是西汉初年，而且竹简《孙子兵法》恰好有十三篇，所以可以证明：第一，至少在西汉初年《孙子》已经存在，其篇目内容与今天基本一致，曹操整理《孙子》，并无大的改动。第二，确实有《孙膑兵法》这本书。第三，确有孙武、孙膑两人。第四，《孙子》并非孙膑著。第五，《史记》所记载史实基本可信。有一种意见认为，《孙子》的作者之争应该暂停，孙武肯定是《孙子》的作者。

由于竹简本的可信度还是一个疑问，因此不能证明《孙子》成书的具体时间，也无法证明《孙子》从成书到竹简抄录时，其间有无重大修改。不能直接证明《孙子》就是孙武所作，因而还有待于进一步的考古发现和研究，以解开《孙子》的作者之谜。

或被认为是孙膑所撰，还有的说是秦汉时的人伪托。

但是，陈振孙、叶适的怀疑论遭到了许多学者的反对，如明代宋濂的《诸子辨》，

中国历史未解之谜

孔子著《春秋》之谜

孔子像

圣迹图·孔子不仕退修诗书 明

孔子的功绩，一在整理古代文献，二在立学传徒，为中国传统文化的承上启下发挥了重要作用。此图描绘了孔子不仕而退修诗书、办私学、整理传授"六经"的情景。但随着史料不断增加，人们在尊重孔子的时候，对他的经历增添了许多新的困惑。

《春秋》是流传下来的迄今为止我国最早的一部编年体史书，也是儒家的主要经典。人们谈论《春秋》时，往往提到孔子。但《春秋》到底是不是孔子所作？人们对此有不同的看法。

一种观点认为，《春秋》就是孔子所作。它最早由孟子提出来。孟子认为，春秋时社会动荡，各种邪说暴行屡屡出现，"孔子成《春秋》而乱臣贼子惧"。现代学者指出，孔子之所以作《春秋》，一是因内乱，一是因外患。孔子作《春秋》以正名分，给诸侯、大夫以严正的褒贬，从心理上来钳制他们，以安定天下的秩序，恢复周王室的政治权力，同时达到"尊王攘夷"的目的。

另有一种观点认为，《春秋》不是孔子所作，不过是由孔子整理而成。有的学者指出，孔子是我国历史上第一个创办私立学校的教育家。他为了能更好地讲学，搜集鲁、周、宋、杞等故国文献，重加整理编次，形成《易》、《书》、《诗》、《礼》、《乐》和《春秋》六种教本。孔子对它们的内容虽有删节，但态度是"信而好古"，也就是尽量保持原有的文字，包括原来的史事内容和表达风格。司马迁在《史记·孔子世家》中说："子曰：'弗乎弗乎，君子病没世而名不称焉。吾道不行矣，吾何以自见于后世哉？'乃因史记作《春秋》，上至隐公，下讫哀公十四年，十二公。"据此说法，孔子是根据鲁国和周王室以及其他诸侯国的史官的记载略加修改，编写成一部简要的史书。《春秋》中的一些字句都是沿用以前史官的写法，并非孔子的创造。

还有一种观点，认为孔子根本没有著作或删订《春秋》。"五四"以后，钱玄同主张此说。他认为，"六经"（《诗》、《书》、《易》、《礼》、《乐》、《春秋》）并没有孔子改动的痕迹。《春秋》应是鲁史旧文，其中如"郭公"、"夏五"之类，都保存了原来的缺简，只不过在长期转写、流传中，难免会有改动。

《春秋》 内页

先师手植桧
此桧树植于孔庙前，相传为孔子手植，多次死而复生。

他们又举出《论语》作为例子，说《论语》载孔子生平言行甚详，其中论《诗经》的最多，但对于《春秋》却一字未提；孔子时代《春秋》还是鲁国秘藏的国史，孔子不可能也不必要对这本秘藏的国史进行改编。有的学者则根据《春秋》记载孔子生年和卒年，认为孔子修《春秋》的说法是不能成立的。因为他不会自称"孔子"，又不能写出自己的卒年。孔子只是曾经把《春秋》作为教材而已。经孔子一用，《春秋》便逐渐流传到了民间，然后再由孔门弟子一代一代地传述下去。《春秋》不是一时而成或出于一人，而是由鲁国史官们在两百多年时间里陆续编纂而成，从而出现了一些前后风格、笔调不太一致的地方。

以上三种说法各有道理，谁也不能彻底说服谁，遂成文史上的又一桩公案。但不论《春秋》是否为孔子所作，都不会削弱孔子作为文化伟人的地位和《春秋》作为古籍的不可估量的研究价值。

中国历史未解之谜

阿房宫为何取名"阿房"?

阿房宫图卷 清 袁江
此图所绘依山殿阁、傍水楼台，山水相连，
花木并茂，并有龙舟、游艇、宫人等点缀。

秦始皇灭六国、完成统一大业之后，自以为功德盖过三皇五帝，于是在首都咸阳大兴土木，建宫筑殿，供自己享用。所建的宫殿中规模最大的便是阿房宫。据《史记·秦始皇本纪》载，此殿"东西五百丈，南北五十丈，上可以坐万人，下可以建五丈旗"。

阿房宫汇聚了当时全国各地宫殿建筑的优点，规模空前，气势宏伟。其"离宫别馆，弥山跨谷，辇道相属，蔚为大观"。《汉书·贾山传》中记载："起咸阳而西至雍，离宫三百，钟鼓帷帐，不移而具。又为阿房之殿，殿高数十仞，东西五里，南北千步，从车罗骑，四马骛驰，旌旗不挠，为宫室之丽至于此。"

那么，这座宫殿为何取名"阿房"？历代记载说法不一。查考发现，主要有以下三种观点：第一种观点认为"阿房"一名是由于宫址靠近咸阳而得名的。《史记·秦始皇

阿房宫遗址

本纪正义》引《括地志》云："秦阿房宫亦曰阿城，在雍州长安县西北一十四里。按宫在上林苑中，雍州郭城西南面，即阿房城东南面也。"所以，颜师古说："阿，近也，以其去咸阳近，且号阿房。"

第二种观点则是从阿房宫的建筑风格加以分析，认为"阿房"一名是根据"四阿旁广"的形状来命名的。阿，在古意中有"曲处、

阿房宫遗址出土的十六乳钉神兽铜镜

曲隔、庭之曲"的解释。杜牧的《阿房宫赋》中说此宫"五步一楼，十步一阁，廊腰缦回，檐牙高啄"，正体现了阿房宫"阿"的特点。所以《史记·秦始皇本纪索引》中解释此宫名时说："此从其形命宫也，言其宫四阿旁广也。"

　　第三种观点认为，"阿房"一名是由于宫殿建筑在大陵上而取名。这一观点出自《汉书·贾山传》，传中注释为："阿者，大陵也，取名阿房，其言是高若于阿上为房。"意思是，阿房宫因宫殿建筑在大陵上而取名。考古发掘有力地证明了这一观点。古阿房宫的遗址所在地是西安市郊约15公里的阿房村一带。发掘的遗址表明，当年的阿房宫坐落在地势高峻的丘陵上，至今这里还有宫殿的高大地基。另外，在阿房村南附近，有一个宫殿遗留的大土台基，周长31米，高约20米；据考证在村西南还有一个是阿房宫前殿遗址的高大夯土台基，东西长约1200米，南北长500～600米，最高处8米左右。阿房宫就是建在这些高大的台基之上。

　　上面的三种观点都言之凿凿，很难判定孰是孰非。所以，这座千古留名的宫殿的取名之谜，只能等待后人的进一步发现了。

阿房宫遗址出土的青铜构件

龙纹空心砖　秦

中国历史未解之谜

秦始皇传国玉玺下落追踪

后人伪造的传国玉玺及印文

玉玺是国家权力的象征，其自身也具有无比珍贵的价值。随着朝代的更迭，玉玺也经历了风风雨雨。秦始皇统一中国之后，为了显示其志高无上的权威而令玉工孙寿为其刻制了一枚玉玺。国玺是以闻名天下的和氏璧刻成，玺方四寸，其上盘曲巨龙，李斯手书的"受命于天，既寿永昌"八个形如"龙凤鸟鱼"之状的篆字镌刻其上。

"玺"和"印"在秦汉之前并无尊卑之分。自秦始皇后，玺成为皇帝专用。因为它是用玉刻成的，所以国玺又称玉玺。

凭此玉玺秦始皇原想将皇位代代相传，没想到秦二世便亡国了。从此，这象征着至高无上权力的玉玺也便成为历代帝王争夺的对象。他们为这块玉玺而钩心斗角，互相厮杀。

在秦朝末期，刘邦进入咸阳，子婴在举行了投降仪式后将传国玉玺献给了刘邦。到了西汉末年，王莽篡权，他命其弟王舜进宫向其姑母孝元太后逼索传国玉玺。太后一怒

之下将玉玺掷到地上，撞破了一角。玉莽用纯金把撞去的一角补上。王莽失败后，传国玉玺落入东汉开国皇帝刘秀之手。东汉末年，十常侍作乱。汉少帝夜出北宫，却把传国玉玺丢失了。后来孙坚攻入长沙，在城南甄官井捞出一宫女尸体，从其项下锦囊中的一个金锁锁着的小匣子内发现了玉玺。孙坚死后，袁术拘捕了孙坚妻子而夺得玉玺。袁术兵败身亡后，传国玉玺落入曹操之手。西晋统一后，司马炎得到了玉玺。西晋灭亡之后，玉玺流落到北方十六国。后来，有人将传国玉玺献给了东晋皇帝。东晋灭亡后，玉玺被刘裕得到，开始在南朝宋、齐、梁、陈中流传。隋文帝灭陈后，获得传国玉玺。隋末，隋炀帝被宇文化及杀死，玉玺落入宇文化及手中。宇文化及兵败后，窦建德得到玉玺。窦兵败后，唐高祖李渊又得到玉玺。从此以后，玉玺在唐传了370年。最后，玺被后梁皇帝朱温获得。梁之后，玉玺归后唐。公元963年，石敬瑭勾结契丹耶律德光攻打洛阳。后唐废帝李从珂见失败已成定局，便带着玉玺登玄武楼自焚了。传国玉玺从此便没了踪影。

随着时间的推移，一度失踪的玉玺据说又重现人间，并被元顺帝的后人博硕克图汗得到。元太祖成吉思汗的嫡系后裔林丹汗得知了这一消息，他认为这玺应属于他，便用武力把它从博硕克图汗手中夺了过来。后来玉玺又被皇太极用武力夺去。皇太极得到之后，才发现玺上刻的是"制诰之宝"，并非秦始皇的传国玉玺。但皇太极为了宣扬"天

秦始皇像

命所归"，对外仍称获得了传国玉玺，于是改"金"为"清"，建立了大清国。后来满人统一了天下，就将这颗假传国玉玺当成了清朝传国的宝物了。这是关于玉玺下落的第一种说法。

除此之外，还传说北宋时咸阳的一位农民耕地时发现一方玉印，上面刻着"受命于天，既寿永昌"八个字。当时的宰相蔡京得知这一消息后，命拿来考证。最后他宣称这就是秦始皇的传国玉玺。此事曾轰动一时。到后来这块玉玺被一位曾在美国侨

居多年的国民党军官得到了。"文革"期间，这位军官要在澳门出售这块玉玺，香港的一位爱国人士得知这一消息后，表示愿收购这块玉玺捐赠给祖国。但经专家鉴证后说这方玉玺是赝品。此后也有一些关于玉玺下落的传说，但真实性都值得怀疑。

唯一能肯定的是，秦始皇的传国玉玺肯定尚在人间。因为据专家介绍，用来雕制传国玉玺的和氏璧是玉石中的"柱长石"，能耐1300度的高温，所以一般火焚化不了它。由此说来，说不定哪一天这方传国玉玺会真的重现人间。到那时，关于玉玺下落的谜团就会解开了。

后人伪造的传国玉玺之印文

此方印文为"受命于天，既寿永昌"，清时有人把它献给乾隆帝，经鉴别是假的。

制诰之宝 明

中国历史未解之谜

秦兵马俑主人到底是谁？

1974 年，在陕西省临潼秦始皇陵东侧发掘出土了由一号坑、二号坑、三号坑、四号坑组成的大型地下兵马俑军阵。这就是令世人惊叹叫绝的秦兵马俑，堪称"人类文明的精神瑰宝"，是"世界第八大奇迹"。

最著名的一号俑坑，由 6000 件陶人、陶马组成一个长方形军阵。整个军阵由三部分组成：前面是 210 个弓弩手组成的前锋部队，中间是 6000 人的铠甲俑组成的主体部队，

始皇兵马俑 秦

后面是 35 乘驷马战车，战车两侧各有一排保护驭手的侧翼部队。这些武士俑身高 1.75 ～ 1.95 米，均按秦军将士形象塑造，体格魁伟，服饰逼真，神态生动。他们手执戈、矛、戟、铩等各种兵器，严阵以待。陶马则高 1.5 米，长 2 米，高大健壮，肌肉丰满，表情机警，栩栩如生，匹匹都如同即将奔赴疆场的骏马。经判断，一号坑为"右军"，二号坑为"左军"，三号坑为"指挥部"，四号坑为"中军"。

人们认为，只有统一全国的秦始皇，才具有组织和指挥这支钢铁队伍的气度和能力。秦始皇死后，有这么一支驻扎在京城内外的大军。因此，这些俑坑就应该是秦始皇的陪葬坑，这些兵马俑毫无疑义就是他的殉葬品。

可是，有人经考证否定了这个结论，提出了一堆疑问，使这个公认的看法变成了扑朔迷离的谜团。

其一，军阵之谜。

在一号坑和二号坑里，发掘出战车。它们和步兵、骑兵组成方阵，形成一种作战方式。但是在《文献通考》、《菽园杂记》、《淮南子》和《史记》等古籍记载中，那不是秦始皇时期的军阵。那么，兵马俑也就不该属于秦始皇了。

其二，武士之谜。

四个俑坑中的大部分兵士均身穿战袍，腿扎行膝，足登浅履，精梳着各种头髻，没有一个人戴攻坚作战的头盔，没有着护身铠甲。秦始皇怎么能用这样无战斗力的军队征

战南北吗？

其三，武器之谜。

秦统一六国后，为防止旧贵族反叛，下令收缴全国的兵器，铸成钟座和各重24万斤的12个大铜人，违者诛杀。然而，在兵马俑坑中竟出土了大批的步兵使用的矛、戟、铍等长柄武器及弩弓。这都是违禁的。因此，当时的人是不可能如此做的。

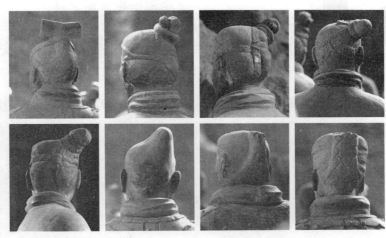

武士俑的发型特写　秦

陕西省临潼秦始皇帝陵兵马俑坑（公元前210年）出土，灰陶加彩，陕西省秦始皇兵马俑博物馆藏。

其四，服饰颜色之谜。

秦统一六国之后，规定"衣服、旄旗、节旗皆为尚黑"的制度，一律着黑色。可是俑坑中的武士俑们，身上穿的却是五颜六色的衣服，不符合历史事实。

那么，到底兵马俑的主人是谁呢？

学者陈景元在《大自然探索》1984年第4期发表的《秦俑新探》一文中详细考证了俑坑中出土的铜铍的年代顺序和武士俑身上的铭文，认定这些兵马俑属于秦昭王之母——秦宣太后。这位太后本是楚国人，生前嫁到秦国，专权41年。这些兵马俑是她的仪仗队，是护送她的亡灵回老家的。

然而，上海《社会科学》杂志1985年第2期发表刘修明的文章，对上述说法又提出两个问题，使这个说法难以成立。其一，俑坑出土的兵器比秦宣太后晚50年。谁也不会把当代的新式兵器加到半个世纪前的死者的坟墓中去。兵器之一名为"相邦吕不韦戈"，属于秦始皇时代的三年、四年、五年、七年

之物。兵器之二名为"寺工"长铍，"寺工"一词最早出现在秦始皇二年，是专铸墓葬兵器的官署。况且这些兵器出土时，土层并没有被挖掘过的痕迹。其二是秦宣太后的葬地。《史记》中明确记载"宣太后死，葬芷阳骊山"。实际上，芷阳在骊山南麓，而兵马俑坑在骊山北麓，方向正好相反。一个是言之凿凿的史实，一个是明确无误的实地，结论根本不同。

兵马俑的主人究竟是谁？这仍是一个令人费解的谜团。

武官俑

中国历史未解之谜

妻妾成群——中国古代"纳妾"之谜

汉宫春晓图 明 仇英

中国古代的纳妾制度，是典型的一夫多妻制。也就是说一个丈夫可以娶若干妻子一起生活。其特点是夫妻之间不平等，妻妾之间也不平等，妾往往处于家庭的最底层。"妾"在《释名》中的解释是："妾，接也，以贱见接幸也。""次妻"、"旁妻"、"副妻"、"侧室"、"外室"、"小妻"、"小妇"等也被称为"妾"。

中国古代的纳妾制度起源很早，是伴随着原始社会的夫权制的产生而出现的。如我国的大汶口文化（公元前4300～前2500年）就出现了丈夫与妻妾合葬的现象。这说明那时的人已经开始纳妾了。

"三宫、六院、七十二妃"是我们常常看到的一句中国古话，说的就是中国皇帝的纳妾现象。传说周文王就有后妃24人。秦始

元宵同乐图 清
此图描绘了一个有权势的男人，与他的一妻两妾和众子孙欢度元宵佳节的场景。

皇灭六国后，曾将原六国宫中与各地挑选出来的无数美女全部收入阿房宫中。到了汉朝，汉元帝宠幸 3000 人，东汉桓帝蓄美 5000 人。到了晋武帝时，后宫美女竟超过了 1 万。隋炀帝的后宫虽然只有 5000 人，但加上各地的行宫，宫女人数也超过 1 万。唐明皇李隆基是最高纪录的保持者，当时从都城皇宫到各地行宫的宫女人数竟达 4 万之众。

帝王们的后宫妃妾开始减少是从宋代以后，再也没有一个帝王挑战"万人"的记录。妻妾成群的风气到了袁世凯时期愈演愈烈。袁世凯不仅一人拥有妻妾 16 人，而且她们中还有姐妹和姑侄。

除了帝王四处选拔全国佳丽之外，中国古代的民间也是纳妾成风。如《红楼梦》中的平儿、香菱都属于小妾。即使是以刚正不阿闻名于世的海瑞，也在年过花甲之时，买了两个年轻的小妾，以至于妻妾争宠，最终导致两妾同时自杀。

"举杯邀明月，低头思故乡"这样的佳句已是我们自小就能背诵的。可是大多数人却不知道唐代大诗人李白也是一位一夫多妻制度的"执行"者。清末红顶商人胡雪岩更是妻妾成群。

中国的纳妾制度不仅是一种风俗习惯，甚至还有法律规定。在明代的法律上就明文规定"凡男子年满四十而无后嗣者"得纳妾。这是因为中国有所谓的"不孝有三，无后为大"的古训，娶上几个小妾，其目的是给祖宗延续香火。这也给中国古代男子纳妾找到了一个很好的借口，使纳妾变成了一种堂而皇之的行为。自纳妾制形成以来，绵延近千年而不绝，并有着极其广泛而深厚的社会基础。这又是为什么呢？追溯到根本来说，纳

妾制其实是一种原始社会形态。在原始社会，男人出门狩猎，女人在家持家守护，猎到食物后，女人不能先吃，而要让男人首先吃饱。纳妾现象更为制度化、普通化，是到了君主专制制度确立时候的事。皇帝可以有三宫六院七十二嫔妃，百姓也可以三妻四妾。夫权统治是封建社会的相应产物和特点，纳妾制度正是适应了封建君主专制，才得以绵延下来。直至新中国成立，纳妾制度才被废除。

清末家庭合影

故宫储秀宫内的陈设 清
储秀宫为清代宫廷嫔妃居住的地方

中国历史未解之谜

《胡笳十八拍》究竟是谁的作品？

文姬归汉图　明　仇英

"为天有眼兮何不见我独漂流？
为神有灵兮何事处我天南海北头？
我不负天兮天何配我殊匹？
我不负神兮神何殛我越荒州？"

怒涛滚滚般不可遏制的悲愤，诅天地咒神祇、雄浑不羁的气魄以及用整个灵魂倾诉出来的绝唱，绞肠滴血般痛苦的诘问，这就是著名的《胡笳十八拍》。对于《胡笳十八拍》的作者是谁，中国文学史上历来有争议。有的学者认为是当年曹操迎回汉家的蔡文姬，有的学者却持相反的观点，更有学者认为是董庭兰所作。下面把各家说法分别叙述出来。

郭沫若作话剧《蔡文姬》，著文六谈《胡笳十八拍》，认为蔡文姬是《胡笳十八拍》的作者。他说，这实在是一首自屈原《离骚》以来最值得欣赏的长篇抒情诗，只有身临其境的人，才能写出这样的文字来。如果有过这么一位诗人代她拟出了，那他断然是一位大作家。郭沫若认为李白还没有那样的气魄，没有那样沉痛的经验。所以，就连他也拟不出这样的诗文。郭沫若认为《胡笳十八拍》是蔡文姬被胡骑所掳后所写的作品。但是文史专家们有不同的看法。他们认为《胡笳十八拍》不是蔡文姬所作，主要理由有：

其一，《胡笳十八拍》的描写不合地理环境和历史事实。

第一，刘大杰等指出，在那时根本没有诗中所叙"城头烽火不曾灭，疆场征战何时歇？杀气朝朝冲塞门，胡风夜夜吹边月"那种汉兵与匈奴的争战不休。说明作者并不了解南匈奴和东汉王朝的关系。南匈奴已于东汉末年内附东汉王朝。距离文姬所居的南庭匈奴河套地区尚远。再者在建安八年蔡文姬归汉，而曹操则在建安十二年平定三郡、乌桓，在时间上也不对头。这与诗中"两国交欢兮罢兵戈"也不符。

第二，刘大杰等指出，汉末南匈奴分为二支，文姬可能被居河东平阳即今山西临汾的於扶罗、呼厨泉一支掳去。而诗中"夜间陇水兮声呜咽，朝见长城兮路杳漫"、"塞上黄蒿兮枝枯叶干"不合地理环境。

第三，否定者认为，诗中有"戎羯"一词，而羯族是晋武帝后"匈奴别种入居上党以后才有的名称"，蔡文姬在五胡乱华之前预先知道是不可能的。

其二，不见著录、论述和征引。

刘大杰等人认为，汉《后汉书》、《文选》和《玉台新咏》以及晋《乐志》和宋《乐志》均无《胡笳十八拍》的记载，六朝论诗的人也没有称述，《蔡琰别传》也没有引用它的诗句。由此断定，它是唐人伪造。

其三，关于风格、体裁问题。

刘大杰等认为，从语言结构、音律对偶及修辞炼句上看，此诗具有和东汉诗不同的特征。诗中"杀气朝朝冲塞门，胡风夜夜吹边月"两句，东汉诗中不曾有过炼字、修辞如此精巧、平仄如此谐调、对仗如此工整的，在东汉诗赋中也没有"人生倏忽兮如白驹之过隙，然不得欢乐兮当我之盛年"这种错综句法。用语方面，诗中"泪阑干"是唐时始有的词汇。语句方面，"夜闻陇水声呜咽"是袭用北朝民歌《陇头歌辞》。用韵方面，《胡笳十八拍》和曹植《名都篇》、《美女篇》的通押迥别。先韵和寒韵不通押，也是唐人用韵方法。

有人指出，全诗1200多字，只有两联对仗工整，比起同期建安诗篇不算多，不能抓住两联就说它不是东汉风格。

而朱长文《琴史》卷四《董庭兰传》："天后时，凤州参军陈怀古善沈、祝二家声调，以胡笳擅名。怀古传庭兰。"沈即沈辽。《崇文总目》载："《大胡笳十八拍》，沈辽集，世名沈家声。沈辽早于陈怀古，陈怀古为董庭兰师。"

以上说法各有道理，到底《胡笳十八拍》为何人所作这个问题，学术界至今仍未给世人一个满意的答案。

奏乐图 三国
图中两位乐师，均戴白帻，席地而坐，一执琴筝，一执阮咸。

中国历史未解之谜

梁祝故事是真是假？

新绘梁山伯与祝英台 年画

谈巷议，道听途说"的"小说家"所造？这是个众说纷纭、饶有兴味的"谜"。

否定有梁祝真有其人其事者认为：梁祝和白蛇传、牛郎织女、孟姜女的故事合称"中国四大民间故事"，后来编成戏剧，尽管戏剧和故事都十分动人，但毕竟只是传说，因此事实上是不存在其人其事的。他们进而推论说：梁祝死后岂能化蝶？孟姜女焉能哭倒长城？至于织女和白娘子一为天女，一为白蛇所化，纯属"子虚乌有"，其理自明。这是一家之言，听来似乎很有道理。

然而，认为梁祝实有其人其事的也很不少。江苏某报的一篇短文，说祝英台本是明代侠女，梁山伯原是前朝书生。两人本来毫不"搭界"，但是祝英台为民造福，死后人们为她安葬，挖掘墓穴时发现下面有梁山伯墓，于是将他们合葬，才演化出"梁祝"故事来的。

梁山伯、祝英台的故事，除了口口相传以外，舞台艺术表现传播也相当多，在我国可说是家喻户晓、妇孺皆知。但是，历史上是否真有梁祝其人其事？如果有，他们是哪个时代、什么地方的人？或者根本就是"街

其实，研究"梁祝"是否确有其人其事不是从今日开始的。历史上有些严肃的学者也进行过研究和探索。清代乾嘉时著名经学家焦循就是其中的一位代表。他在《剧说》

卷二中引宋元之际刘一清的《钱塘遗事》以及自己亲身见闻，说全国至少有四座所谓"梁祝墓"。第一处墓葬地在河北林镇，见刘一清的《钱塘遗事》。第二处墓在山东嘉祥县，是

花蝶图卷（局部）清 樊圻

焦循曾经亲眼见到祝英台墓的碣石拓片。他在《剧说》中说："乾隆乙卯（公元1795年），余在山左，学使阮公（即阮元）修山左《金石志》，州县各以碑本来。嘉祥县有祝英台墓，碣文为明人刻石。"第三处墓在浙江宁波，这一说法是嘉庆元年（1796年）焦循到宁波，"闻其地亦有祝英台墓，载于志书者，详者事云：'梁山伯、祝英台墓，在鄞西十里接待寺后，旧称义妇冢。'"焦循在记载中虽然没有说曾经亲眼看见这座墓，但据浙江一位老新闻工作者说，新中国成立前这个地方除有梁祝墓之说外，还有梁山伯庙。鄞县乡间还流传有"若要夫妻同到老，梁山伯庙到一到"的俗语，庙中香火还很盛。焦循进而查考地方志。据方志记载："晋梁山伯，字处仁，家会稽，少游学，道逢祝氏子同往。肄业三年，祝先返，后山伯归，访之上虞，始知为女子，名曰英台。归告父母，求姻时，已许鄞城西清道原。明年，祝适马氏，舟经墓所，风涛不能前，英台临冢哀痛，地裂，而埋璧焉。事闻于朝，丞相封'义妇冢'。"

第四处是扬州祝英台墓，焦循基本上持否定态度。他说："及吾郡城北槐子河旁，有高土，俗亦呼为祝英台坟。余入城必经此。或曰，此隋炀帝墓，谬为英台也。"清代另外一位著名学者毛先舒在《填词名解》卷二引《宁波府志》，和焦循记载鄞城（今勤县）梁祝墓大同小异，只是多了"今吴中花蝴蝶，盖橘蠹所化，童儿亦呼梁山伯、祝英台云"这么一句话而已。

根据焦循、毛先舒引方志中的记载，谢安是东晋名臣，历史上实有其人，那时女子也没有缠足陋习，为祝英台女扮男装提供了一定的方便，而且志书上记载竟然如此详尽，因此不能排除历史上确实有梁祝其人其事的可能。

如果大胆假设、揣想，梁祝故事会不会本是编撰，但由于这一悲剧感人至深、代代相传，后人才信以为真的而写入志书呢？总之，梁祝故事传说中还有一些谜，需要后来的学者去破解！

中国历史未解之谜

敦煌遗书因何被封？

敦煌 17 窟藏经洞

20 世纪初，冷冷清清的敦煌莫高窟再度为世人所瞩目，因为看管这个地方的一个姓王的道士从中发现了大批的经文和绢画。

作为中国汉唐时期中原与中亚、南亚以及西方交通的重要通道的敦煌是著名的"丝绸之路"上的一颗璀璨的明珠，是东西方文化交流的会合点。随着商路的开通，一批批的宗教信徒，一批批的宗教经典纷纷云集在敦煌。那里曾是一个繁荣的宗教圣地。宋代以后，由于海上丝绸之路的开通和发达，曾经十分辉煌的敦煌逐渐为人所忘却。王道士发现的这些所谓"古董"就是"敦煌文书"或"敦煌遗书"，其内容包括佛教、道教、景教、摩尼教等宗教文献，有官私文书，有

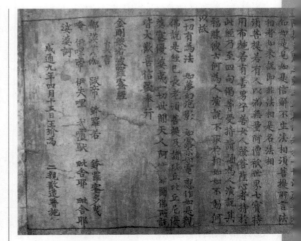

藏于敦煌莫高窟的金刚经

儒学经典，还有藏文等现已成为"死文字"的多种文字写本，是公元5～11世纪敦煌繁荣的历史见证。如此丰富的文书是何时被封上的？又是因何原因而被封的？这些问题从藏经洞被发现至今，一直是一个谜。有人持"废弃说"，认为洞中的文书是被敦煌各寺院集中在一起的废弃物；还有人持"避难说"，认为洞中的文书是因为避免战乱而被有目的地藏起来的。

主张"废弃说"的代表人物是斯坦因。他是第一个来掠取这批宝物的外国人。他对其中的物品进行研究，发现这些写本和绢画及佛教法器等，都是宗教用品，但都是当时敦煌各寺院中的废弃物，因为具有神圣性，是不可随意毁弃的，于是，宗教人士就把这些没多大用处的东西集中在一起，保存起来。

天龙八部 敦煌石窟 唐
天龙八部是佛教中的神灵，图中分别以金翅鸟、雄狮和蟒蛇等头饰标示他们的身份。头饰金翅鸟的迦楼罗是取龙为食的金翅鸟王，摩侯罗迦是大蟒神。作品充分运用线条的造型功能，极为生动地描绘出了三位神将各自不同的形象、气质和威风。

立佛图 敦煌石窟 唐
观音造型比例匀称，体态端庄，手提净瓶，立莲花上。面部、手脚简洁，净瓶、莲花瓣均微施晕染，衬托出红石榴裙更加鲜明，线描简练，笔力稳健。

同时，根据所见到的写本和绢画上所题写的时间最晚是11世纪初，斯坦因断定这个藏经洞封闭于11世纪初。主张"废弃说"的还有日本学者藤枝晃。但他认为废弃的原因是随着中国印刷术的发明，印刷的佛经取代了卷轴装的佛经；因为图书馆的重新布置，所以原来的卷轴佛典遭到废弃，时间是在公元1002年以后不久。

主张"避难说"的代表是法国人伯希和。他是一位汉学家。他认为这些文物是为了避免当时的战乱而被封起来的。在唐代"安史之乱"期间，驻扎在敦煌的军队被调入内地平定叛乱，生活在青藏高原的吐蕃乘机占领了敦煌。唐宣宗时，敦煌一带的人民建立归义军举行起义，摆脱了吐蕃的控制。此后，敦煌又一度被沙州的回鹘占领。公元1036年党项攻占敦煌，随后又被沙州回鹘赶走，在公元1068年又被党项建立的西夏占领了。伯希和认为在第一次党项攻打敦煌时，为避免兵灾，当时僧人匆忙将这些东西堆入洞中，封了起来。所以藏经洞中的藏品没有西夏文书，而且藏品的堆放也没有一定的顺序和分类。

中国历史未解之谜

怒发冲冠凭栏处——《满江红》作者之谜

刺字报国 年画

一直以来，人们都认为流传千古的《满江红》是南宋抗金名将岳飞所作。但是，近代已故学者余嘉锡在《四库提要辩证》中的《岳武穆遗文》条下，却对《满江红》的作者是否是岳飞提出了质疑。

余嘉锡认为，这首词最早见于明代嘉靖十五年（公元 1536 年）徐阶编的《岳武穆遗文》。宋、元人的记载或题咏跋尾从未见过此词，但却突然出现于 400 年后的明代中叶，不能不让人生疑。同时，收录者对此词出处一无所言，搞得《满江红》像是来历不明的词。再说，岳飞之子岳霖和孙岳珂，费尽艰辛搜求岳飞遗稿，但他们所编的《岳王家集》

中却未收录这首《满江红》，31 年后重刊此书时，仍未收入该词，这让人觉得很奇怪。所以，余嘉锡认为《满江红》可能不是岳飞所作，而是明人的伪作。

赞同余嘉锡看法的夏承焘还就词中"驾长车踏破贺兰山缺"一句加以研究，而不是补充论断。夏认为，贺兰山位于今甘肃河套之西，南宋时属西夏，而不是金国地盘。岳飞率兵直捣的黄龙府，是在今吉林境内，"这首词若真出岳飞之手，不应方向乖背如此！"夏承焘进一步考证：在明代，北方鞑靼族就常从贺兰山入侵甘、凉一带，明代弘治十一年（公元 1498 年），明将王越曾在贺兰山抗击鞑靼，打了第一个胜仗，因此，"踏破贺兰山缺"在明代中叶只是一句抗战口号，在南宋是决不会有的。所以这首词出现于明代，正是作这首词的明代人说出了当时的地理形势和时代意识。

1980 年 9 月 10 日，台湾省《中国时报》发表孙述宇的文章，它主要从词的内容和风格上提出质疑。孙认为《满江红》是一首激昂慷慨、英风飒飒的英雄诗，而岳飞作过的另一首词《小重山》却是那样的婉转低回、失望惆怅，两首词的格调和风格大相径庭，不像出于同一人之手，因而也怀疑《满江红》的真伪。但是：

第一，贺兰山同"长安"、"天山"一类地名一样，可用作泛称，岳飞就是把贺兰山当作黄龙府。1980 年 12 月 15 日香港《大公报》发表苏信的文章，认为西夏与北宋向来都有战事，派范仲淹经略延安府，就是镇守边陲、防御西夏的。这种对峙局面直至真宗、仁宗贿赂求和才暂时安定下来。岳飞当然熟悉 50 余年前的这段历史，《满江红》一词提到的贺兰山，很可能就是借指敌境，不能简单地当作违背地理常识。

第二，一些作品湮没多年，历久始彰，在文学史上是有先例的。如唐末韦庄的《秦妇吟》，湮没 900 余年才看到全文。

有人还结合词句，根据史实，考证出岳飞写《满江红》的具体时间。岳飞 30 岁（公元 1133 年）执掌军事，因责任重大，身受殊荣，感动深切，乃写成此壮怀述志《满江红》词。故词中有"三十功名尘与土"一句。岳飞从军后，南征北战，至 30 岁时，计其行程，足逾八千里，故词中有"八千里路云和月"一句。岳飞 30 岁时置守江州，适逢秋季，当地多雨，故词中有"潇潇雨歇"之句。因而推断出，《满江红》词是岳飞表达其真实感受，于宋绍兴三年（公元 1133 年）秋季九月下旬作于九江。

《满江红》词究竟是否出于岳飞手笔？论者意见不一。不过，即使是怀疑《满江红》为伪作者，也无法抹杀这首词的价值和历史影响，不管是否是岳飞所作，《满江红》也仍然值得流传下去。

岳飞参花图轴 清 吕焕成

官方编修的《武经总要》 宋

宋陵武将俑

【文化篇】

中国历史未解之谜

为什么十三陵中十二陵上都无碑文？

明十三陵

在北京的明十三陵中，有十二陵没有碑文。这究竟是为什么呢？

在这十三陵中，只有明成祖朱棣的石碑上有碑文，这块长陵石碑，正面上刻有"大明长陵神功神德碑"字样，下刻有朱棣儿子明仁宗亲自题写的为其父歌功颂德的三千余字的碑文。既然十三陵中的第一陵有碑文，其余十二陵为什么不刻上碑文呢？

顾炎武在访问十三陵之后，写出了《昌平山水记》，他说，传说嗣皇帝谒陵时，问随从大臣："皇考圣德碑为什么无字？"大臣回答说："皇考功高德厚，文字无法形容。"而《帝陵图说》给出了另外一种解释，《帝陵图说》里明太祖朱元璋曾说："皇陵碑记，

长陵螭龙碑

202

都是大臣们的粉饰之文,不能教育后世子孙。"他这一批评,使翰林院的学士们再不敢写皇帝的碑文了。后来,写碑文的任务,便落在嗣皇帝的肩上。所以孝陵(太祖)碑文是成祖朱棣亲撰,而长陵(成祖)的碑文,是明仁宗朱高炽御撰。

但明仁宗以后各碑,为何嗣皇帝不写了呢?依照这种说法,长、献、景、裕、茂、泰、康七陵门前,并没有碑亭和碑。到了嘉靖时才建,嘉靖十五年(公元1536年)建成,当时礼部尚书严嵩曾请世宗撰写七碑文,可是嘉靖帝迷恋酒色,又一心想"成仙",哪有心思写那么多的碑文,因此就空了下来。

世宗以外的各皇帝,看到祖碑上无字,自己也就不便只为上一代皇帝写碑文,但如果都写的话,也没有太多的精力,因此,一代一代的皇帝传下来,就出现了这些无字碑。实际上,自明朝中期以后,皇帝多好嬉戏,懒于动笔,而最主要的原因是,如不加以粉饰,他们所谓的"功德"已经不能直言了,因而这些皇帝干脆不写了。

还有人认为,这些皇帝的做法是效仿武则天。因为武则天是一个聪明的人,"无字碑"立得真聪明,功过是非让后人去评论,这是最好的办法。这些皇帝们知道自己有可以肯定的地方,但同时肯定也有应该否定的地方。他们知道自己的一生人们会有各种各样的评价,碑文写得好坏都是难事,因此才决定立"无字碑",功过是非由后世评说。

不管这些说法怎样,到现在,这些无字碑还立在十三陵中,同它们身后的皇帝一起,真正是做到了"功过是非由后世评说"。

明孝陵神道旁的石像生

定陵神功胜德碑

◆中国历史未解之谜

中国历史未解之谜

《清明上河图》中的"清明"是什么意思？

宋代张择端的《清明上河图》是中国历史上的一幅杰出画作。自从它问世以来，受到上至皇宫贵族、下至文人墨客的赏识和珍藏而辗转数百年。此图卷全长528厘米，宽24.8厘米，是一幅描绘北宋都市生活各方面的长卷风俗画。张择端用十分高超的艺术手法，横向全景式构图，将极其繁复的场景处理得有条不紊，严密紧凑。它的笔法谨严，设色典雅，人物传神，器物逼真，是世人公认的中国古代遗产中的伟大作品之一。对了解和研究当时的经济、文化、建筑、交通、服饰、民俗等具有极其重要的价值。

但是，此画原来既没有画家本人的署名，也没有画名。后来，金人张著在卷后题跋，认为此画为"翰林张择端"所作，并附了简短的作者小传，同时提到了张择端画有《清明上河图》及《西湖争标图》。至此，这幅图卷才被称为《清明上河图》。由于画卷上有宋徽宗题诗之句"如在上河春"，后人因此确定此画描绘的是清明时节的景色。从那以后，直至20世纪80年代，人们都认为画的是清明时节的景物，未有异议。

而今，学术界却对这幅画的名称发起了一场争论。尤其是"清明"一词，其说不一。

清明上河图卷 北宋 张择端

这是一幅巨幅风俗画，又称城市风景画。描绘的是北宋都城汴京（今河南开封）汴河及其两岸的风光。全画分三段：首段描绘郊区风景，春寒料峭，薄雾疏林，渐次有新绿杨柳和人群，这是全卷的序幕。中段描绘汴河风光，汴河为当时的全国交通命脉，作者以虹桥为中心，展现水陆交通繁忙的气象，表现了壮丽的京都气派。后段描写市街店铺鳞次栉比，人群熙来攘往，就在这种喧闹繁华中画幅戛然而止，令观者犹未尽。整幅画用笔遒劲简率，城郭、房屋、舟车，无不比例恰当。人物刻画细致，神态各具，结构严谨，其间各物动静结合，跌宕起伏，令人感到繁而不乱，冗而不长。

一是"清明节"说。

近代一些艺术史家持"时令说"的观点，认为图中描绘的是在清明时节，汴京城郊居民进行扫墓、踏青、探亲等种种活动。并肯定了是"清明节"。

二是"清明坊"说。

1981年有人对画面中的内容提出了质疑，并提出了"地名说"，从画面所展现的内容推断此画描绘的是中秋节前后的景色，而非"清明"，他又据画中的"城门楼"设想《清明上河图》应该是描绘的从"清明坊"到汴河口这一段上河的繁华热闹的景色，"清明"是指汴京城中的"清明坊"。上述两种意见都有理有据，但也有各自的缺陷。如持"清

明时令说"，则画面上并无门插柳条、扫墓、踏青、郊游等特有的"清明"时节习俗；如持"清明坊"之说，也无有力凭证。

三是寓意"承平"说。

还有一种观点是"清明"既非时令，又非地名。画面所显示的是秋色而不是春光，是沿河数里好几处街道，并不仅指在郊外的某一个地点。这里所说的"清明"应该是在称颂"太平盛世"。《后汉书》有"固幸得生于清明之世"的话，用"清明"即意味着"治平"。张择端作为一名皇帝御用画院的待诏创作这幅鼓吹"歌舞升平"的作品，以迎合宋徽宗的心意，是很有可能的。他为了加强歌功颂德的气氛，成功地向皇帝进献此画，因而选用了"清明"一词。这一说法，颇有见地。

综上所述，从各方面加以分析，第三种意见是很有说服力的。因此，在《清明上河图》有关"清明"二字的解释还没有定论之前，我们一般情况下将其视作北宋一般的都市生活的典型写照。

《清明上河图》中的官员宅第

宋朝对不同阶层的人的住宅有不同的等级限制，官员宅第无论在高度、大小、装饰方面都与民居不同。

中国历史未解之谜

《红楼梦》作者之谜

曹雪芹像

中国古代四大名著之一的《红楼梦》是中国古典小说创作成就的最高峰。

一般人认为曹雪芹写了《红楼梦》前八十回，高鹗续了后四十回。但是，"红学"研究者在长期研究《红楼梦》的过程中，通过辨析许多历史资料的真伪，认为曹雪芹只是《红楼梦》一位卓越的"披阅"、"增删"和整理加工者，它还应该有一位原作者。

第一，脂砚斋眉批带来的疑问。脂砚斋在庚辰本第十三回有一条眉批曰："读五件事未完，余不禁失声大哭，三十年前作书人在何处耶？"曹雪芹卒于公元1762年除夕，而庚辰本则是公元1760年，当时曹雪芹尚在世。如果其作者是曹雪芹的话，脂砚斋在评书时又怎会"失声大哭"呢？当然也不会问出"三十年前作书人在何处耶"。再把时间倒推30年，当时只有十几岁的曹雪芹怎能写出这样一部伟大的文学名著呢？

第二，《红楼梦》成书过程的证明。《红楼梦》自述中这样一段文字"空空道人因空见色，自色生情，传情入色，由色悟空，遂名情僧；改《石头记》为《情僧录》。东鲁孔梅溪题曰：《风月宝鉴》。后因曹雪芹于悼红轩中披阅十载，增删五次，纂成目录，分出章目，又题曰：《金陵十二钗》，并题一绝，即此便是《石头记》的缘起。"很明显，这其实是在说"空空道人"又名情僧，才是《红楼梦》的原作者，曹雪芹只不过是对该书进行"披阅"、"增删"而已。

第三，《随园诗话》的误导。显然袁枚在《随园诗话》中关于《红楼梦》作者的记载是有误的。不说其他的，袁氏弄错了曹雪芹和曹栋亭之间的辈分，把本是祖孙关系的芹和亭说成是父子关系，并说《红楼梦》"备记风月繁华之盛"，专写妓女和妓院生活，简直贻笑大方，这也说明难以相信袁氏说法。所以袁氏的说法对成书于《随园诗话》后的《八旗画录》和《八旗文编目》两书影响非常大。《八旗画录》不得不实事求是地说"对曹雪芹此人并不了解"，"惜文献无征（即证）不能详其为人"。

上述的种种推测各执一词，并无定论。

大观园图

科技

中 / 国 / 历 / 史 / 未 / 解 / 之 / 谜

中国历史未解之谜

中国古代到底有没有指南车？

漂浮式指南针 北宋
将磁针贯穿灯芯草，放入盛水的瓷碗内，借助浮力，使磁针浮于水面，指示南北。这种指南针实用性强，最先应用于航海导航。

有人认为黄帝是指南车的发明者。相传在 4000 多年前，黄帝同蚩尤在涿鹿大战，黄帝打败仗，因为蚩尤能作大雾，使黄帝的队伍迷失了方向。因此黄帝组织人力，研究创造了指南车，于是，再和蚩尤作战就取得了胜利。还有一个传说是西周初，居住在偏远南部的越裳氏派使臣来朝贺周天子，周天子怕他们回去时迷路，就造了辆指南车送他们。

上述传说给人们带来一系列思考：真的有指南车吗？它是什么形状的？

有一个叫马钧的人，生活在三国时期，是一个著名的机械制造家，他能做许多奇特的机械。他改进了提花机，使它操作方便而且省时，还能织出复杂精美的图案；他还创造出了龙骨水车，这个水车结构精巧，运转省力，为灌溉提供了连续不断的水源；他甚至还改进发明了兵器，据说，马钧改进了当时诸葛亮使用的一种"连弩"，让它在连续

射箭的基础上再提高五倍的效率。他试制成一种很厉害的攻城武器，叫"轮转式发石机"，能连续发射砖石，射程几百步；他还创造了"变幻百端"的"水转百戏"。这是一组木偶，利用机械传动装置，机关一开，各个木偶能够各自做着不同的动作，像是一台戏，机关一停，便马上停止运转。由此可见，马钧有

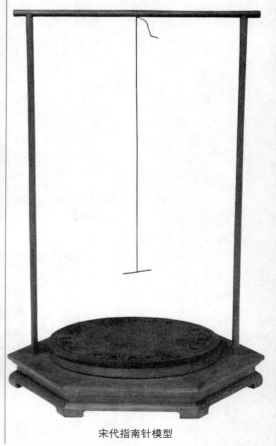

宋代指南针模型

祖冲之像

杰出的机械设计才能并且发挥得淋漓尽致。

后来马钧在魏明帝的支持下，根据传说潜心研究指南车的造法。不久，马钧真的造出来一辆机械的、能指定方向的车子。他把齿轮传动机装在车上，车走起来，车上木人会自动指示方向。这种车子不同于利用磁铁造的指南针。

现在已看不到马钧造指南车的具体方法了，而且当时人们也没有使用指南车，只是作为陈设而束之高阁。西晋末，这辆指南车就下落不明了。留给后人的只是一个千古之谜。

后秦时，皇帝姚兴又让令狐生造了一辆指南车。可惜那辆指南车在后秦灭亡时，作为战利品被运到了建康。由于年久失修，机件散落，指南功能也就丧失了。

60 年后的齐王萧道成忽然想起这个奇宝来，他让当时著名学者祖冲之再研制一辆指南车，祖冲之便闭门钻研。同时代的索驭林骦由于不服气也造了一辆。又过了几百年，北宋中期的燕肃和吴德仁都制造过式样不同的指南车。

指南车制造困难，比较笨重，实用价值不高。但古时人们对指南车的不断探索与研究，反映了我国古代人民辛勤劳动和不断创新的精神。正是由于几代人不断地辛勤研究，不断地改进和提高，才有我们今天指南针的问世。

马钧指南车模型

中国历史未解之谜

中国酿酒的始祖是谁？

我国的酒文化十分悠远。早在原始社会末期，我国便发明和生产了酒。那是远古人在劳动中发现了发酵的果类和谷物带有一种味道甘美的浆液，可以取而饮之，他们将这种味道称为酒味。从此，我们的祖先通过不断的实践认识了果类和谷物是怎样被发酵而变得甜美的，最终摸索出了酿酒的技术，制作了各种成酒。1987年底，在龙山文化遗址中就发现了各种陶制的酒器。一种密封保存完整的商代古酒在河南省被发掘，这酒距今已有3000多年的历史了，据专家测定，这种具有浓郁香气的酒是专用于祭祀祖先的，说明当时已有种类繁多的酒，酒也已成为专卖商品，难怪《诗经·商颂》里就有"既载清酤"的描写。商代出土的象形字中就有"酒"字，说明酒在商代已有很大的发展。有的学者认为是在商以前的2000～3000年前才开始发明酒的。因此，不管按哪种说法，出生在周朝的杜康，只能是个酿酒者或酿酒技术革新者，而并不是发明酒的始祖。即便是夏朝人仪狄（传说大禹曾饮过他酿造的酒），也不是酒的始祖，还有学者认为酒的起始是在距今7000年前的磁山文化时期，那时生产力发展了，粮食和果品逐渐有了剩余，人们就把它们储蓄起来，在存放过程中自然发酵而成为酒，先人们根据这个原理，再反复实践，才有了人工酿酒。

杜康生活的周代，出现了酒曲，这在酿造史上无疑是个飞跃，这也是世界化学史上

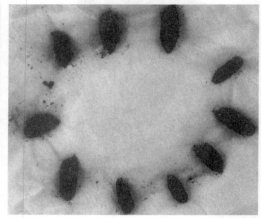

水稻 新石器时代
距今约7000年，浙江省余姚市河姆渡出土。

的伟大创举。1974年曾在河北平山县战国时期的中山王墓内，发现过两种曲酿酒，一开启密封完好的酒壶盖，一时间酒香四溢，据说这就是闻名遐迩的"杜康"，意即好酒。此外"杜康"还应理解成品种名称。曹操说的"唯有杜康"，也是泛指好酒之意。《说文解字》上却说酒为"吉凶所造"，这里的吉凶不是说吉凶这个人造酒，而是说酒造吉凶。夏禹就曾主张禁酒，并预言"后世必有以酒之其国者"。果然，历代帝王中有许多嗜酒如命，甚至因酒精中毒而死去。商纣王也是过着"以酒为池"的荒淫生活，最后导致国破自焚。周代吸取了教训，颁发了禁酒令，因而酿酒集中在作坊中，开始专行专卖，而不是像以前分散在每家，每户均可自行酿酒，而酿酒技术也从家庭女主人的手中走向专业

水井街作坊遗址 明
位于今四川省成都市水井街，是迄今发现的唯一的白酒
作坊遗址，整个作坊面积有1700平方为米，估计当时年
产量有十几吨，该作坊晾台、酒窖、炉灶等生产用具一
应俱全。

化，从而杜康之类的名师才得以崛起。我国
古代典籍《周礼》也对酿酒过程中各个阶段
作了详细区分，说明其产物名称，这体现了
我国酿酒技术逐步走向专业化。

联珠纹尊 夏晚期

鹿台赴宴，纣王妲姬请仙 年画

中国历史未解之谜

中国古代针灸之谜

传说中的神医扁鹊能用针灸治病，千百年来人们对此广有探究。神秘的针灸医术起源于何时呢？有一个传说：远古时一位打猎的人鼻子上中了一箭，这一刺却治好了猎人长久未愈的头痛病。这个传说看似神奇，但并非毫无道理，这种医术的起源似乎可追溯到石器时代，因为在不同地方的石器时代遗址中，均出土了大量用来戳皮肤的石制尖锐工具。

针灸陶人 东汉

针灸学在秦汉时期得到了充分的发展。1993 年春，在四川省绵阳市永兴镇双包山发掘的二号西汉木椁大墓后室中，出土了一件涂有黑色重漆的小型木质人形，上面有一些针灸的经脉直行路径，但没有文字和经穴位置的标记，只用红色的漆线来表示这些路径，在木色烘托下格外清晰分明。这是迄今为止在世界上所发现最早的标有经脉流注的木质人体模型。后来在长沙马王堆三号墓出土了帛书《经脉》。书中论述了人体内十一经脉的循行、

主病和灸法的古灸经。这也是有关医学理论基础的经脉学的古文献。另外，中国古代医学还有一部宝典是《黄帝内经》，它是春秋战国及西汉时期，不少古代医学家的宝贵经验总结，积累了各时代的医学成就。其中介绍九种不同的针，按用途来分，九针可分大针、长针、毫针、圆针、锋针等类型。各针有 3 厘米到 24 厘米长短不等。书中编有医治各种病痛和疾病方式的 365 个穴道，并为之一一命名。书中指出金针虽然价格昂贵，但因其有刺激身体的功能，所以医治某些疾病格外有效。而银针则有显著的镇静作用。河北汉代中山王刘胜墓出土有 4 根金针、5 根银针，能识别的有

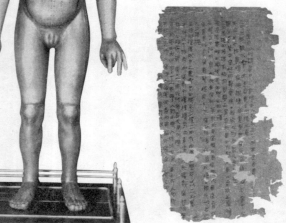

针灸铜人 宋
北宋医官王惟一在总结前人经验的基础上所铸

古代帛书《足十一脉灸经》

金医针 汉

金质毫针、锋针和银质圆针，而有的却残破不能识别针型。

《黄帝内经》内页

虽然由皇帝创意实行了各种《黄帝内经》中的医疗方法。但中国历代还有许多帝王，对生理学，特别是对神经系统，有浓厚的兴趣。例如，据称公元1世纪，王莽在医生和御屠协助下曾切开一名敌对者的尸体，用竹签来研究人体神经系统。无独有偶，1000年后，宋徽宗雇了一个画家，画出经肢解的一名罪犯的人体器官。在徽宗之前，宋仁宗叫工匠打造了一个铜人，铜人身上显示出人体的整个神经系统。这个铜人还用来做医官院学针灸的学生学习和考试的指导实物。据记载，凡针灸科学生考试，须先在铜人体外涂蜡，把水灌到体内，要求被考查者按向指定的穴位进针，下针准确，则蜡破水出，否则就没水出来，这成为检验学生的好手段。宋仁宗有一次因病昏迷，御医束手无策，最后只好找到一位民间医生来进行针灸。这个医生用针刺进了仁宗脑后一个不知名的穴位，刚一出针，宋仁宗就苏醒过来，睁开双眼，连声称赞："好惺惺！"夸赞医术高明，"惺惺"在当时就是高明的意思，"惺惺穴"这个名字便由此而来。在古书中，类似这种创新的例子很多。治疗全身麻痹、妇人难产、小儿脐风、腹痛、心口痛、头痛、风湿、五官科等病甚至是起死回生，针灸均能做到。

针灸医术的发明，是我国古代人民对世界医学的贡献，但它究竟为何有这么多功效还须进一步研究。

灸艾图 宋
灸艾与针刺有异曲同工的效果

◆中国历史未解之谜

中国历史未解之谜

历代帝王梦寐以求的甘露是什么？

金炼丹炉 西汉
这是贵族墓中随葬的炼丹炉模型，系纯金制造，可见当时社会求仙之风的盛行。

"甘露"对历代封建社会的统治者来说可谓是至珍，他们认为它是一种延年益寿的"圣药"，"其凝如脂，其甘如饴"，吃了它可以使人活到800岁。因此，帝王梦寐求之，称它为"天酒"、"神浆"。有些帝王以甘露命名其年号，如汉宣帝刘询、前秦苻坚等，他们都是一听说降甘露，马上以之作为年号。还有的帝王为了祈祷甘露下降而大兴土木，劳民伤财。汉武帝在长安城外的建章宫内建造了一座承露盘，高20丈，大7围。清乾隆帝造了一座铜仙承露盘。4米多高的石柱之上有立人手托铜盘，祈求上天赐露。这座承露盘现在还保存在北京。

甘露真有如此神效吗？这在我们现在看来有些可笑。其实，被誉为"神灵之精，仁瑞之泽"的甘露，只不过是蚜虫的排泄物。

蚜虫除五倍子蚜虫外，都是庄稼的大敌。它是附生在草木枝叶上的小虫。全世界已发现2000多种蚜虫。蚜虫吸取植物的汁液，经过消化系统的作用，吸收了其中的蛋白质和糖分，然后把吸收不了的多余糖分和水分排泄出来，这些多余的成分便洒在植物的枝叶上，有的"其凝如脂"，有的"皎莹如雪"，这就是甘露。

其实甘露之谜在古代已早有发现，明代学者杜镐是最早揭穿所谓"天降甘露"的人，他说："此多虫之所，叶下必多露，味甘，乃是虫之尿也。"蚜虫排泄的甘露，俗称蚜蜜。据现在的化学分析，它含有较多的转化糖、甘蔗糖、松子糖等。它包含的碳水化合物占70%左右，糊精占20%以上，蛋白质占3%。这种甘露确实有一定的滋补作用，但它对延长人的寿命和治理多种病的说法显然是

青瓷灯 三国
灯底刻有"甘露元年五月造"。
"甘露"是吴国帝王的年号，也是皇帝祈祷求仙心愿的写照。

甘露观音像
位于云南大理白族自治州剑川县石钟山石窟

一种夸张和古人的美丽幻想。蚜蜜非但没那
么多益处，而且危害作用也很大，它不仅会
诱致菌类，使植物发生各种病害，还会引来
昆虫，糟蹋庄稼的茎叶，影响庄稼收成。

封建帝王把蚜虫的一泡屎尿当作天赐的
神物，日思夜慕，实属荒唐可笑。随着时间
的推移和现代科学的进步，甘露之谜也被揭
示了出来。

青铜羽翼仙人像 汉

中国历史未解之谜

马王堆古尸为何千年不腐？

马王堆汉墓帛画 西汉

马王堆一号汉墓的彩绘帛画绘制精美。画面呈T形，以繁杂严谨的构图把全画分为上、中、下三部分，上部为天界的景象，人首蛇身的女娲居中。表达了对人生幸福的追求，反映出对生命的肯定和热爱。画中对人和其他生灵的刻画充满了奇异的想象。

1972年，在湖南马王堆古墓中出土了一具女尸，就是这具女尸震惊了世界，为什么呢？原来，尽管历经2000多年，但这具女尸外形完整，面色鲜活，发色如真。解剖后，其内脏器官完整无损，血管结构清楚，骨质组织完好，甚至腹内一些食物仍存。为什么这具古尸历经千年不腐呢？

一般来说，古墓中的尸体留至今天，只会出现两种结果：一是腐烂。因为在有空气、水分和细菌的环境里，大量的有机物质会很快腐烂，棺木也会腐朽，最后尸体也难免烂掉。二是形成干尸。这需要极为特殊的气候条件，在特别干燥或没有空气的地方，细菌微生物难以生存，这样，尸体会迅速脱水，成为"干尸"。

马王堆的女尸为何成为"湿尸"而不腐烂呢？其原因是：

第一，尸体的防腐处理完善。经化学鉴定，它的棺液沉淀物中含有大量的乙醇、硫化汞和乙酸等物。证明女尸是经过了汞处理和其他浸泡处理的，硫化汞对于尸体防腐的作用很大。

第二，墓室深。整个墓室建筑在地底16米以下的地方。上面还有高20多米，底径50～60米的大封土堆。既不透气也不透水，更不透光。这就基本隔绝了地表的物理的和化学的影响。

第三，封闭严。墓室的周壁均用可塑性大、黏性强、密封性好的白膏泥筑成。泥层

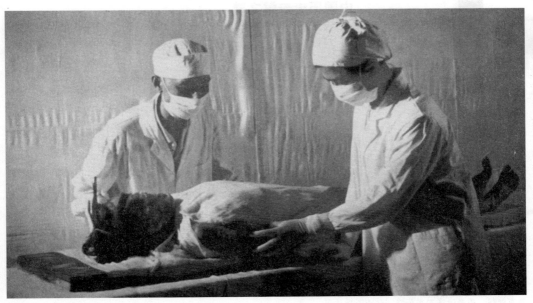

科学家正在检验女尸

厚约1米左右。厚为半米的木炭层衬在白膏泥的内面，共1万多斤。墓室筑成后，墓坑再用五花土夯实。这样，地面的大气就与整个墓室完全隔绝了，并能保持18℃左右的相对恒湿，光的照射被隔绝，地下水也不能流入墓室。

第四，隔绝了空气。由于密封好，墓室中已接近了真空，具备了缺氧的条件。在这种条件下，厌氧菌开始繁殖。存放在椁室中的丝麻织物、乐器、漆器、木俑、竹简等有机物和陪葬的大量的食物、植物种子、中草药材等，产生了可燃的沼气。从而加大了墓室内的压强。沼气能杀菌。细菌在高压下也无法生存。

第五，棺椁中存有具有防腐和保存尸体的作用的棺液。据查，椁外的液体约深40厘米，棺内的液体约深20厘米。但它们都不是人造的防腐液，而是由白膏泥、木炭、木料

中的少量水分和水蒸气凝聚而成的。而内棺中的液体是女尸身体内的液体化成的"尸解水"。这种自然形成的棺液防止了尸体腐败，并使得尸体的软组织保持了弹性，肤色如初，栩栩如生。

在重见天日之时，尸体随同所有出土的文物，散发着奇异的光芒，让人惊叹于造化的神奇。

中山靖王墓出土卧羊 西汉

中国历史未解之谜

诸葛亮制造木牛、流马之谜

木牛复原模型
蜀军创制，用来运送军用物资，适于山地使用。

诸葛亮像

《三国志·诸葛亮传》记载："（建兴）九年（公元231年），亮复出祁山，以木牛远，粮尽退军……十二年春，亮率大众由斜谷出，以流马运。"文章描绘得那么奇妙，可说明诸葛亮以木牛、流马运粮是真实的事情。

诸葛亮到底用过木牛流马没有，确实是一个谜，而且《诸葛亮集》中尽管对木牛、流马作了描绘，但由于没有任何实物与图形存留后世，多年来，人们对木牛、流马到底是什么东西做出了种种揣测。

一种说法为木牛、流马是诸葛亮改进的普通独轮推车。此说源于《宋史》、《后山丛谈》、《稗史类编》等史籍，它们认为汉代称木制独轮小车为鹿车，诸葛亮加以改进后称为木牛、流马，北宋才出现独轮车之称。

一种意见认为，木牛、流马是四轮车和独轮车，但是哪种为四轮，哪种为独轮，各人有不同的见解。宋代高承《事物继原》卷八说："木牛即今小车之有前辕者，流马即今独推者是也，而民间谓之江洲车子。"今世学者范文澜认为，木牛实际上是一种人力独轮车，有一脚四足，就是在车旁前后装四条木柱；流马是改良的木牛，前后四脚，也就是人力四轮车。

一种意见认为，木牛、流马是新颖的自动机械。《南齐书·祖冲之传》说："以诸葛亮有木牛、流马，仍造一器，不因风水、施机自运，不劳人力。"这是指祖冲之在木牛流马的基础上造出更新颖的自动机械。

木牛和流马到底是一种东西还是两种东西，后世对此发起了广泛的争辩。如谭良啸认为，木牛和流马是一回事，是一种新的木头做的人力四轮车；王开则说木牛与流马是两种东西，前者是人力独轮车，后者是经改良的四轮车；王谌认为两者同属一物，并且还做出了一种模型，既具备牛的外形，又具备马的姿势。陈从周等勘察了川北广元一带现存古栈道的遗迹：畜在前面拉，后面有人推，流马与木牛差不多，但没有前辕，不用人拉，反靠推为行进，外形像马。

令人遗憾的是当年诸葛亮没有留下木牛流马的详细制作图解，让后人苦苦思索。

木牛车 汉

广元明月峡古栈道 三国
蜀国四围皆山，地势极为险峻，许多地方只能以狭窄的栈道通行。木牛、流马就是为了适应这种环境而制造的。

中国历史未解之谜

岳阳楼是由谁建造的？

岳阳楼

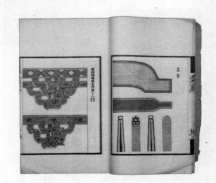

《营造法式》书影　宋

《营造法式》是中国历史建筑艺术之集大成者，内容丰富。是对中国宋代以前建筑经验的比较全面的总结，是中国建筑史上的一个里程碑。

　　江南三大名楼之一的岳阳楼因为一篇北宋范仲淹的《岳阳楼记》而妇孺皆知。自唐宋以来，它就久负盛名。"未到江南先一笑，岳阳楼上对君山"，这是800多年前，宋朝著名诗人黄庭坚登临岳阳楼时写下的句子。然而，长期以来，究竟是什么时候修建了岳阳楼，滕子京又是什么时候重修了此楼一直众说纷纭，谁也没有确切答案。

　　实际上岳阳楼的始建年代早已难以确定。南宋人祝穆就率先提出岳阳人"不知创始为谁"的说法。在祝氏的《方舆胜览》卷二十九中载称："岳阳楼在郡治西南，西面洞庭湖，左顾君山，不知创始为谁。唐开元四年，中书令张说出守是郡，日与方士登临赋咏，自尔名著。"

　　成书于宋理宗（公元1225～1264年）在位时期的《方舆胜览》是南宋的一部地理总志，此书有一定史料价值，尤其对名胜古迹有比较翔实的记载。书中认为祝穆所说岳阳楼"不知创始为谁"是可信的。所以《岳州府志》也认为："岳阳楼不知椒落于何代，何人。"

　　岳阳楼到底"创始为谁"后来有各种不同的说法，大多数人认为是张说始建。这种意见又有两种说法，而这两种说法又大同小异。

如浙江人民出版社编辑出版的《初中古代诗文助读》说岳阳楼为"张说在唐代开元初年建造"。喻朝刚、王大博、徐翰逢编的《宋代文学作品选》又进一步确定了修建的具体时间，说岳阳楼是"唐开元张说做岳州知府时建的"。

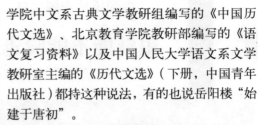

第二种说法，讲岳阳楼"始建于唐"，此说法比较笼统。持这种说法的代表是新版的《辞海》。另外由郑孟彤主编的《中国古代作品选》、四川师范

范仲淹像

学院中文系古典文学教研组编写的《中国历代文选》、北京教育学院教研部编写的《语文复习资料》以及中国人民大学语文系文学教研室主编的《历代文选》（下册，中国青年出版社）都持这种说法，有的也说岳阳楼"始建于唐初"。

第三种是岳阳楼始建于周代说。如天津师专古典文学教研组编的《中学古代作品评注》中说，岳阳楼"相传建于周代，自唐代以来闻名于世"，这种说法不知是从哪里找来的依据。

在北宋以前，岳阳楼的修葺情况没有详细的记载，无从查考。原任庆路部署兼庆州（今甘肃庆阳）知州的滕子京在庆历四年（公元1044年）被谪为岳州知府，"越明年，政通人和，百废具（俱）兴。乃重修岳阳楼"。依照范仲淹的《岳阳楼记》中的说法，滕子京重修岳阳楼是在庆历五年，他们把"越明年"解释为第二年，即庆历五年。宋来峰在《"越明年"辨》一文（见《北京师范大学学报》1980年第6期）中认为，范仲淹应嘱作文，"滕子京重修岳阳楼与巴陵郡的'政通人和，百废俱应'同是一年——庆历六年"。对"越明年"的不同解释导致这两种说法相异，但究竟孰是孰非，我们也不能妄下结论。

《岳阳楼记》木刻

中国历史未解之谜

银针能不能验毒？

备宴图壁画 辽

证明，无论从化学反应理论，还是从化学实验来看，银的金属性质相当稳定，在一般条件下并不能与砒霜起反应，也就是说，古人说的银遇有剧毒的砒霜会变黑这种现象没有产生的可能性。难道古人验毒之说是假的，这其中另有奥秘？

砒霜是由元素砷氧化而来的，而砷是从各种含砷的矿石中提制，其中提制砷的主要矿石是砷黄铁矿。但它常与其他多种硫砷化物和硫化物共生，其中还可能常伴有自然硫。问题可能主要在于砒霜的纯度上。

古人所用砒霜里可能都伴有少量硫化物和硫，因为古人制取砒霜的技术很差。由于非金属元素硫能与大多数金属或卤素（除碘外）直接起反应，所以银遇到硫就会生成黑色难溶的硫化银，也就是发生变色。而现在实验中所用的砒霜是较纯净

　　很久以来，民间一直流传着银器可以验出食物中是否有毒的说法。那么，银针到底有没有验毒的功用呢？可以通过科学实验来证明。古代人说到毒物一般是指有剧毒的砒霜，即三氧化二砷。有趣的是，现代科学

银杯 唐

银试毒牌 清
为皇帝进膳时试毒之器具

乾清宫宝座前的皇帝宴桌 清

的三氧化二砷，所以当然用银检测不出来了。

那么，银针到底有没有验毒本领呢？从现代生物化学的角度来看，有不下数千种（包括天然和人工的）能够危害生物生理机能的毒物，一般人较熟悉的一些剧毒物有砒霜、氧化物、蛇毒等，都不与银直接发生化学反应。所以说，银有验毒本领的说法是站不住脚的。

庖厨画像砖 东汉